실용심리학으로
치유하는

발표공포
탈출
솔루션

본문 중에 예시된 자기암시 스크립트 녹음파일은
네이버 청년정신 카페에서 내려 받아 사용하실 수 있습니다.
https://cafe.naver.com/youngidea/271

실용심리학으로
치유하는

발표공포
탈출
솔루션

이진식 지음

대중 앞에서 말하는 능력이 인생을 좌우한다

얼마 전에 세상을 떠난 래리 킹은 이런 말을 했다.

"대중 앞에서 말을 하느니 차라리 낙하산 없이 비행기에서 뛰어내리겠다."

공감하는 사람들이 생각보다 많을 거다. 단 몇 명 앞에 나서서 말을 해야 하는 상황만 생각해도 손이 떨리고, 식은땀이 줄줄 흐르고, 혀가 굳어진다. 소위 무대공포증 또는 발표공포증이다. 실제로 래리 킹과 같은 세계적인 화술의 대가도 '대중 앞에 나서서 말을 하게 되었을 때의 공포'를 경험했다고 고백하고 있으니 아마 대부분의 사람들이 겪고 있는 남모르는 고통일 것이다.

하지만 반드시, 말을 해야만 할 수밖에 없는 그런 자리들이

너무나도 많다는 게 문제다. 적당히 피해 가면서 살아가기도 하지만 그렇게 하다 보면 자신이 가지고 있는 능력에 비해 늘 낮은 평가를 받고 들러리로 머물게 된다. 말 그대로 인생을 좌우하는 키가 되기도 한다.

발표공포증은 여러 사회적 상황 중 특히, 사람들 앞에서 말을 해야 하는 상황에서 과도한 불안 반응을 나타내는 것이라 할 수 있다. 자신이 대중 앞에서 당황스럽고 수치스러운 상황에 놓이게 될지도 모른다는 데 대한 비합리적인 두려움 때문이다. 그런 공포가 비합리적이라는 것을 인식하고 있음에도 다시 발표 상황에 노출되면 다시 또 불안 반응을 일으킨다. 의식적으로는 그러지 않으려고 아무리 노력해도 사람들 앞에만 나가면 원래의 불안 증상들을 되풀이하게 된다.

발표공포증은 대개 트라우마와 관련이 있는 경우가 많다. 이러한 트라우마는 자신이 기억하는 경험일 수도 있고, 기억하지 못하는 경험일 수도 있다. 자신이 기억하든 기억하지 못하든, 과거 발표를 하는 상황에서 겪었던 수치스러운 경험이 자신도 모르는 사이에 무의식에 저장된다. 즉 무의식에 트라우마로 남은 기억이 발표 상황이 될 때마다 불쑥불쑥 튀어 올라 불안 증상들로 나타난다.

모든 일에는 원인과 결과가 있다. 발표공포 증상들에도 모두 그 원인이 존재한다. 따라서 발표 트라우마의 원인이 되는 사건을 기억한다면 치료는 더 수월하게 이루어질 수 있을 것이다.

하지만 중요한 것은 그 원인을 모르더라도 얼마든지 발표공포증을 극복하고, 건강한 정신을 회복할 수 있다는 것이다. 즉 발표공포증을 해결하는 데 있어 원인은 그렇게 중요하지 않다.

이 책은 발표공포증을 극복하고 발표 자신감을 회복하기 위한 여러 NLP(신경언어프로그래밍) 기법들을 소개하고 있다. NLP의 우수성은 굳이 문제의 원인을 모르더라도 내 마음의 작용을 반대로 바꿈으로써 모든 심리적인 문제를 해결할 수 있다는 데 있다. 발표 상황에 대한 내 마음의 고정관념을 바꾸는 것도 어렵지 않다. 그것은 구체적인 상상을 통해 가능하다.

NLP의 치료 원리를 간단히 설명하면, '내가 상상하는 대로 이루어진다'는 것이다. 여기서 상상은 오감을 동원한 실감 나는 상상을 의미한다.

따라서 실제처럼 실감 나게 상상을 한다면 그 상상이 현실로 그대로 이루어진다. 누구나 집중력을 발휘하여 상상에 깊이 몰입하는 것으로써 얼마든지 상상을 실체화할 수 있다.

NLP는 심신이 이완된 상태에서 구체적 상상을 통해 마음의 변화를 이끌어 내는 기술이다. 발표에 대한 마음이 변화하면 자연스레 생각(의식)이 변화되고, 생각의 변화는 긍정적인 행동 변화를 가져오게 된다.

"이 책은 발표공포증을 극복하고 자신감을 회복하기 위한 NLP 기법들에 대해 자세히 소개하였다. 동시에 혼자도 충분히 시행할 수 있도록 기법들에 대한 자세한 스크립트를 기술해 놓았으며, 스크립트 녹음파일 역시 네이버 청년정신 카페(://cafe. naver.com/youngidea/271)에 올려놓았다. 이 외에도 발표 트라우마를 해소하고 자신감을 충만하게 채울 수 있는 여러 방법들을 소개하였다."

이 책에 제시된 여러 기법들의 스크립트를 녹음하여 차근차근 들으면서 따라온다면, 누구나 발표에 대한 부정적 생각들로부터 벗어나 발표 자신감을 충만하게 채울 수 있을 것이다.

NLP는 치료 성과와 효율 측면에서 볼 때 최고의 기법이다. 여기에 소개된 기법들을 스스로 적용해 봄으로써 놀라운 마음의 변화를 경험할 수 있기를 소망한다.

발표가 행복한 세상을 꿈꾸며, 이 책을 독자분들께 바친다.

차례

CHAPTER 4. 무대공포증 극복을 위한 또다른 방법들

CHAPTER 1

잠재의식,
긍정적으로 바꾸기

의식과 잠재의식에 대하여

발표공포증 탈출을 위한 솔루션을 제시하기 전에 먼저 왜 잠재의식이 변화되어야 하는지에 대해 알아보고자 한다. 사실 이 잠재의식이란 단어에 대해서는 수도 없이 들어왔을 것이고 또 말하기도 해왔을 것이다. 그렇다면 잠재의식이란 무엇일까?

정신세계는 크게 의식과 잠재의식으로 나눈다. 정신 구조를 이해할 때 흔히 빙산의 그림을 많이 이용하는데, 이것은 눈에 보이는 부분보다 물 아래 잠겨 있는 실체가 훨씬 더 크다는 사실을 쉽게 이해할 수 있도록 하기 위한 방편이다.

실제로 그렇다. '생각'이라고 할 수 있는 '의식'이 차지하는 부분보다 그 아래 우리가 흔히 '마음'이라고 표현하고 있는 '잠재의식'이 차지하는 부분이 훨씬 더 크다. 이것은 일상생활에서 우리가 의식하는 것보다 의식하지 못하는 부분이 훨씬 더

많다는 것을 의미한다.

우리는 의식에 따라 행동하고 자신이 생각하는 대로 행동을 결정한다고 믿지만, 사실 무의식적으로 나오는 모든 행동이나 태도는 잠재의식의 영향을 받는다. 내가 의식하지 못하는 잠재의식이 내리는 명령에 따라 행동이 결정되는 것이다.

따라서 어떤 메시지나 이미지가 잠재의식에 각인이 되면, 그 이미지나 메시지 내용대로 의식이 바뀌고 행동으로 나타나게 된다. 이것은 의식보다는 잠재의식이 인간 행동을 결정하는 주요 요인이라는 것을 뜻한다.

행동 변화의 핵심은 잠재의식

2006년 KBS에서 '마음'이라는 다큐멘터리가 방영된 적이 있다. 제1부 마지막에 오이를 먹지 못하는 여대생이 나오는데, 이 학생은 오이 알레르기가 심해 오이 냄새만 맡아도 구역질을 한다. 오이가 들어간 김밥 역시 먹어볼 엄두조차 못 낸다.

음식 알레르기 교정을 위한 대부분의 심리치료에서는 '체계적 둔감법'을 쓴다. 즉 처음에는 멀리서 냄새만 맡게 하고 오랜 시간을 두고 아주 조금씩 가깝게 접근하면서 오이 냄새를 맡게 한다. 오랜 시간을 두고 냄새부터 익숙해지도록 하는 것이다. 그런 다음 다시 오랜 기간에 걸쳐 아주 조금씩 오이를 맛보도록 하여 결국 오이를 먹게 하는 방식을 쓴다.

그런데 이런 방식으로 과연 오이를 '맛있게' 먹을 수 있을까? 아마 먹을 수는 있어도 맛있게 먹지는 못할 것이다. 오이를 억지로 먹을 수는 있어도 결코 즐거운 마음으로 먹을 수는 없을 것이다. 이러한 방법은 단순히 오이의 맛과 향에 대해 둔감하게 만들 뿐, 오이에 대한 근원적인 거부감이 마음에 그대로 있기 때문이다. 또한 이런 방식을 통해 오이를 먹을 수 있게 되었다고 해도 다시 오랫동안 오이를 먹지 않게 되면 또다시 오이에 대한 알레르기 반응이 생길 확률이 높다. 이것 역시 오이에 대한 근본적인 '마음의 관념'이 변하지 않았기 때문이다.

한편, 방송에서는 NLP(신경 언어 프로그래밍)라는 심리치료 기법을 통해 불과 30분도 지나지 않아서 오이 알레르기를 극복하는 모습을 보여 준다. 간단하게 말하자면 먼저 '심상화心想化'를 통해 여대생이 좋아하는 고추로 오이를 대체시킨다. 그리고 오이를 한입씩 먹을 때마다 평소 좋아하는 언니를 연상하게 함으로써, 마치 좋아하는 고추를 언니와 함께 먹는 것처럼 느껴지게 한다.

그 결과 여대생은 오이를 먹을 때마다 좋아하는 고추를 먹는 것처럼 느끼게 되고 오이를 먹을 때마다 언니를 떠올리게 되면서 즐겁게 웃으며 오이를 먹을 수 있게 되었다. 짧은 시간에 오이 알레르기를 완전히 극복하고 오이를 맛있게 먹을 수 있게 되었던 것이다.

이러한 방법이 성공할 수 있는 이유는 무엇일까? 바로 오이에 대한 마음의 관념을 근본적으로 변화시켰기 때문이다.

우리는 흔히 어떤 행동적 문제가 발생했을 때 즉각 행동을 교정하려고 한다. 하지만 이것은 결코 효과적이지 않다. 왜냐하면 겉으로 드러나는 여러 가지 부정적인 증상이나 모습들은 행동 자체에 문제가 있어서가 아니라 마음, 즉 잠재의식 차원에서 발생하는 문제이기 때문이다. 따라서 진정으로 문제를 해결하기 위해서는 잠재의식을 변화시켜야 한다.

잠재의식 바꾸기

발표공포증으로 인해 정서적, 행동적으로 어려움을 겪을 때, 의식적으로 아무리 고치려 해도 안 되는 이유는 바로 우리가 의식하지 못하는 잠재의식이 거부 반응을 보이기 때문이다.

앞에서 이야기했던 바와 같이 잠재의식은 마음이라고 할 수 있는데, 발표를 두려워하는 마음을 내가 원하는 상황으로 리프로그래밍 reprogramming 하지 않으면 아무리 의식적으로 노력해도 효과가 없다. 의식적인 생각으로 잠재의식을 변화시키고자 하는 것은 계란을 던져 바위를 깨려고 애쓰는 것과 다를 바가 없다.

앞에서 오이를 먹지 못하던 여대생이 오이에 대한 관념이 바뀌자(잠재의식의 변화), 오이가 맛있는 음식이라 여겨지게 되었고(의식의 변화), 그에 따라 오이를 맛있게 먹을 수 있게 되었다.(행

동의 변화)

이처럼 의식적인 노력으로 잠재의식을 변화시키는 것은 거의 불가능하다. 하지만 잠재의식이 변화하면 의식은 자연스럽게 바뀐다. 또한 의식이 바뀌면 행동 역시 그에 따라 자연스럽게 변화시킨다.

잠재의식(마음)의 변화 → 의식(생각)의 변화 → 행동의 변화

따라서 발표공포증을 극복하기 위한 선행 조건은 먼저 잠재의식을 변화시켜야 한다는 것이다. '발표가 무섭고 두렵다.' 라는 마음의 인식을 '발표가 재밌고 즐겁다'는 것으로 바뀌게 된다면, 식은땀을 흘리고 벌벌 떠는 대신 표정과 행동도 자연스럽고 편안하게 변화시킨다.

그렇다면 어떻게 잠재의식을 변화시킬 수 있을까?

먼저 수면 아래 가라앉아 있는 잠재의식을 살짝 '위로 떠오르게' 해야 한다. 여기서 '위로 떠오르게' 한다는 말은 무엇일까? 깨어나게 한다는 말과 같다. 즉 아래에 가라앉아 있던 잠재의식을 깨워서 일어나게 해야 한다.

잠재의식이 꿈틀대며 깨어나는 것을 트랜스 상태라고 한다. 즉 트랜스 상태는 잠재의식이 활성화되는 상태이며, 얕은 최면

상태라고 할 수 있다. 이렇게 트랜스 상태에서 나의 변화를 바라는 메시지나 이미지를 주입하면 이러한 내용들이 잠재의식에 각인되어 변화를 가져올 수 있다.

우리가 일상생활을 해나가는 동안에는 의식이 활성화되어 있어 내 생각대로, 내 의지대로 움직인다. 그런데 심리치료를 위해서는 의식을 조금 가라앉히고, 잠재의식을 올라오도록 하는 것이 중요하다. 그래야 잠재의식에 직접 영향을 끼칠 수 있고, 그럼으로써 내가 바라는 긍정적인 행동 변화로 이어질 수 있기 때문이다.

다시 한번 강조하고자 한다. 발표공포증을 근본적으로 치료하기 위해서는 잠재의식이 변화되어야 하고, 그러기 위해서는 먼저 잠재의식을 활성화시켜야 한다. 잠재의식을 활성화시킨다는 말은 트랜스 상태에 들어간다는 뜻이다.

그럼 어떻게 트랜스 상태에 들어갈 수 있을까?

트랜스 상태는 특별한 그 무엇이 아니다. 우리가 일상생활에서 쉽게 경험하는 상태다. 주로 다음과 같은 경우를 트랜스 상태에 있다고 할 수 있다.

트랜스 상태는 의식이 변형되는 상태로 약간 몽롱한 상태와 비슷하다. 또는 심신이 이완된 상태에서 어느 한곳에 의식을 집중했을 때도 트랜스 상태에 들어간다. 비몽사몽 한다거나 어느 하나의 대상이나 상황에 고도로 집중하면 의식이 가라앉고 잠재의식이 활성화된다.

이렇게 트랜스 상태에 있을 때 내가 원하는 메시지를 주입하거나 원하는 장면을 구체적으로 상상하면, 잠재의식을 변화시킬 수 있다. 트랜스 상태에서 입력된 메시지는 그대로 잠재의식에 각인되어 메시지의 내용대로 잠재의식을 변화시킨다.

어떤 부정적인 습관이나 행동을 고치려고 할 때 잠재의식은 그대로 둔 채 의식적인 생각으로만 고치려고 하면 실패하기 쉽다. 이것은 문제에 대한 근본적인 원인을 쥐고 있는 잠재의식이 우리의 의식적인 노력에 거부감을 나타내기 때문이다.

따라서 진정한 문제 해결을 위해서는 근본적인 마음, 즉 잠재의식을 변화시켜야 한다. 그래야 진정한 의식(생각)의 변화가 일어나고, 감정의 변화가 나타나며, 궁극적인 행동 변화가 일어나게 된다.

발표공포증을 흔히 접근하는 마인드 컨트롤과 연습만으로 극복한다는 것은 말처럼 쉽지 않다. 겉으로 보이는 행동만 교정하려고 해서는 오랜 시간을 필요로 하고 효과는 한정적이며, 또 효과가 있다고 하여도 언제든지 다시 과거로 회귀하게 될 수도 있다. 즉 오이 알레르기를 극복하고자 했던 여학생처럼 오랜 시간이 필요하고, 효과는 한정적이며 언제든지 과거로 회귀하게 될 수도 있다.

하지만 발표에 대한 마음의 관념을 내가 원하는 장면으로 바꾸면 생각보다 쉽게 치료될 수 있다. 이것은 이미 입증된 영역이다. 앞으로 이야기하게 될 NLP를 이용한 심리치료는 내담자 또는 자기 스스로를 트랜스 상태로 유도한 후 잠재의식을 변화시킴으로써 자연스럽게 행동 변화를 유도하는 최고의 방법이다.

CHAPTER 2

무대공포증 극복과

NLP

NLP란 무엇인가?

신경-언어프로그래밍(Neuro-Linguistic Programming, NLP)은 20세기에 개발된 실용심리학의 한 분야로 인간 행동의 긍정적인 변화를 이끌어 내는 기법을 종합해 놓은 지식 체계의 명칭이다. 미군에서도 군사훈련에 뛰어난 병사를 NLP 방식으로 모델링하여 신병을 훈련하는 데 적용했을 만큼 효과를 인정받았다.

NLP의 공동창시자인 리차드 밴들러는 한마디로 'NLP는 두뇌를 사용하는 방법을 가르치는 방법이다.'라고 정의했는데, 여기서 다소 모호한 측면이 있는 것은 NLP가 이론이라기보다 행동과 말하기 방법을 담고 있는 유용성을 중시하는 특성 때문이다. NLP의 의미를 쉽게 표현하면 '목표 성취를 위한 커뮤니케이션 기법'으로 요약할 수 있다. 인간의 바람과 목표를 성취하기 위한 방법을 생각하는데, 체계적으로 말을 사용하여(대화를 하는 과정에서) 생각을 진행하는 절차를 담은 기법이 NLP에 여러 가지 포함되어 있다.

NLP는 1970년대 중반 미국에서 당대 최고의 심리치료가들의 이론 및 기법들을 통합하여 그들의 언어 패턴과 행동 양식들을 모방함으로써 독창성을 가지고 창시된 기법으로 사람의 뇌가 컴퓨터 프로그램과 같은 원리로 작동한다고 가정한다. 즉 사람의 뇌를 마치 컴퓨터처럼 프로그래밍을 해서 생각과 사고를 변화시킨다는 기본 원리에 바탕을 두고 있다. 즉 과학적으로 뇌에는 신경회로가 있는데, 이 기억된 신경회로를 바꿔 주면 감정이 바뀌고 감정이 바뀌면 행동이 바뀌는 원리를 이용한다.

컴퓨터의 모니터(하드웨어)는 컴퓨터에 내재된 프로그램(소프트웨어)을 그대로 보여주는 수단에 불과하다. 컴퓨터에 내장된 프로그램이 모니터에 그대로 인출되는 것처럼 밖으로 표출하는 우리들의 부정적 정서와 행동은 그 사람의 마음속에 내장된 '부정적 감정'이라는 프로그램이 그대로 밖으로 실행되는(드러나는) 것이라 할 수 있다.

따라서 사람의 마음(잠재의식)에 저장된 부정적 정서를 포맷하여 긍정적 정서로 리프로그래밍을 하면, 이는 그대로 의식으로 표출되어 긍정적 의식과 행동으로 나타나게 할 수 있다.

NLP는 다른 심리치료 이론들과는 달리 처음부터 정통 심리학자에 의해서 만들어진 것이 아니었다. 학문적 차원에서 시작된 것도 아니었다. 단지 사람들의 정서와 심리를 빠르게 변화시키고자 하는 데 목적을 두고, 이론보다는 임상과 실용성, 효과성에 중점을 두고 개발되었으며 적용되었다. 그리고 NLP는 그 효과가 매우 탁월하고 심리치료 효과까지 매우 컸으므로 폭넓은 호응을 받으면서 효과적인 상담기법으로 자리를 잡게 되었다. 이후 자기계발이나 커뮤니케이션 분야, 코칭, 컨설팅, 마케팅 등 다양한 분야에서 응용되어 적용되고 있다.

오늘날 NLP는 공포증, 우울증, 불안장애 등의 심리치료뿐 아니라 자신감 향상, 발표력 증진 등의 자기계발, 인간관계 개선, 교육과 경영 등 많은 분야에서 폭넓게 적용되고 있다. 적용할 수 있는 분야가 굉장히 넓고, 치료 성과가 높으며 치료 시기를 획기적으로 단축시킬 수 있다는 점에서 다른 심리치료기법들보다 굉장히 우수하다고 생각한다. 이것은 NLP가 사물이나 상황, 감정을 대하는 마음의 태도를 근본적으로 바꿔주기 때문이다.

NLP 치유 원리

여기에서는 NLP를 활용해 어떻게 발표공포증 등의 심리치료가 가능한지 그 원리에 대해 설명하고자 한다.

NLP는 기본적으로 심호흡을 하고 온몸의 힘을 쭉 뺀 후 기분 좋은 상상을 하며 가벼운 트랜스 상태로 유도한다. 트랜스 상태에 들어가는 시간과 정도는 사람마다 모두 다르다. 주의집중과 심상화(imaging,)를 잘하고 감정이 풍부한 사람들은 심호흡을 하고 몸을 최대한 이완시키는 절차만으로도 몽롱한 상태인 트랜스 상태에 들어가지만 그렇지 않은 경우에는 기분 좋고 편안한 상황에 대해 구체적으로 상상하는 과정을 추가하여 트랜스 상태로 유도할 수 있다.

주의집중력이 약하고 심상화가 잘 안 되는 사람들도 평소 조금만 연습을 한다면 누구나 트랜스 상태에 들어갈 수 있다.

이렇게 트랜스 상태로 유도한 후 구체적 상상을 통해 공포, 긴장, 불안 등의 부정적 정서로부터 자신을 '분리'시키고, 긍정적 경험과 생각을 자신의 잠재의식에 '연합'시킴으로써 부정적 정서를 해소하고 긍정적 정서를 밖으로 드러나게 하는 원리를 이용한다.

여기서 '분리'는 부정적 정서라는 프로그램을 포맷하는 것에 해당하고, '연합'은 긍정적 정서라는 프로그램을 '잠재의식'이라는 소프트웨어에 입력시키는 것에 해당한다.

그렇다면 어떻게 긍정적 정서를 잠재의식에 연합시킬 수 있을까?

그것은 바로 기분 좋은 경험이나 기억에 대한 구체적인 상상을 하는 데 있다. 우리 뇌는 착각 덩어리로 어떤 상황에 깊게 몰입하면 그것을 실제라고 믿는다. 예를 들어, 마음속에 레몬을 떠올리고 이를 잘라서 입에 넣는다고 집중해서 생각하면 저절로 신맛이 느껴지고 침이 고인다. 레몬에 대한 단순한 생각이 아니라 실제로 먹고 있다고 실감 나게 생각하면 입에 침이 고이게 되는 것이다.

이처럼 우리의 뇌는 상상과 실제를 구분하지 못한다. 이렇게 사람의 뇌가 현실과 상상을 구분하지 못한다는 원리를 이용하여 트랜스 상태에서 과거 행복했던 경험에 대한 실감 나는 상상을 한다면, 누구나 부정적 정서를 제거하고 긍정적 정서를 마음에 각인시킬 수 있게 되는 것이다.

NLP에서의 트랜스란 거창한 그 무엇이 아니라 단순히 어느 한 대상이나 상황에 몰입한 상태이기 때문에, 주의집중을 하는 훈련과 구체적으로 상상을 하는 연습을 조금만 한다면 누구나 트랜스 상태에 들어갈 수 있다. 그리고 바로 그때 공포, 불안, 긴장감 등의 부정적 정서로부터 자신을 '분리'시키고, 긍정적 정서에 자신을 '연합'시키면 건강한 마음을 회복할 수 있다.

NLP의 치료 원리는 '내가 상상하는 대로 이루어진다.' '내가 상상하는 것이 곧 실재가 된다.' 라는 믿음에 기초한다. 그리고 이는 과학적 사실로도 증명되었다.

트랜스 상태에서 내가 원하는 장면을 구체적으로 상상하거나 변화를 바라는 메시지를 입력하면, 내가 진정으로 바라는 모습과 정서를 성취할 수 있다. NLP는 대상과 주변 환경을 바라보는 마음의 관점을 근본적으로 바꿔 효과가 뛰어나고 오래 지속된다.

주의집중력을 향상시키는 방법

발표공포증 극복을 위해서는 잠재의식을 변화시켜야 하고, 그러기 위해서는 먼저 잠재의식을 활성화시켜야 한다. 즉 트랜스 상태로 유도해야 하는 것이다.

그런데 사람마다 트랜스 상태에 들어가는 속도가 모두 다르다. 가벼운 이완만으로 쉽게 트랜스 상태에 들어가는 사람들이 있는 반면 때로는 깊은 유도가 필요한 사람들도 있다.

보통 트랜스 상태로 들어가기까지 시간이 오래 걸리는 이들은 주의집중력이 약한 경우가 많다. 주의집중이 잘 안 되면 자꾸 다른 생각이 들면서 트랜스 상태로 들어가는 데 방해가 된다. 또한 성공적인 심리치료를 위해서는 치료 과정에서 구체적 상상을 통해 심상화를 잘해야 하는데, 주의집중이 잘 안 되면 단순한 상상에 그쳐 효과가 없게 된다. 특히 NLP를 활용한 치료 기법들은 심상의 현실감을 강하게 느낄 정도로 몰입해 상상을 해야 효과가 좋다. 단순한 상상에 머물거나 몰입하지 않으면 효과가 거의 없고 치료에 많은 시간을 투자해야 한다. 따라서 평소 주의력이 약해 구체적인 심상화가 잘 안 된다면 먼저 주의집중력을 기르는 훈련이 선행되어야 할 것이다.

이처럼 주의집중을 잘하면 트랜스 상태로 쉽게 들어갈 뿐 아니라 치료 효과를 크게 높일 수 있으므로, 주의집중력을 높이는 것은 치료의 성패를 좌우하는 매우 중요한 문제다.

그럼 어떻게 하면 효과적으로 주의집중력을 높일 수 있을까? 주의집중력은 별로 어렵지 않은 훈련을 통해 크게 높일 수 있다. 매일 약간의 시간만 투자한다면 누구나 주의집중력을 향상시킬 수 있다. 주의집중력을 향상시킬 수 있는 몇 가지 방법에 대해 소개하면 다음과 같다.

첫 번째는 명상이다.

명상에는 여러 가지 종류가 있으나 중요한 포인트는 바로 '생각을 하나로 집중'하는 데 있다. 대표적으로는 눈을 감고 천천히 심호흡을 하면서 호흡에만 집중하는 호흡명상이 있다.

호흡에 집중하는 것은 다른 생각을 하지 않기 위함인데, 호흡에만 집중한다고 해도 그때그때 잡념이 끼어들기 마련이다. 한

가지에만 집중하는 건 원래 어렵기 때문이다.

하지만 잡념이 끼어들면 다시 호흡으로 돌아오기만 하면 된다. 즉 호흡 중 다른 생각이 들면 '아, 내가 지금 이런 생각이 들었구나.'를 인지하고, 다시 호흡에 집중하는 것이다.

다른 생각이 들면서 이를 인지하고 다시 호흡으로 돌아오는 게 호흡명상이다. 따라서 다른 생각이 든다고 결코 자책할 필요가 없다. 이러한 훈련 자체가 바로 호흡명상이기 때문이다.

잡념이 끼어든다고 해도 끈기를 가지고 호흡으로 돌아오기만 하면 된다. 연습을 계속해서 해나갈수록 점점 다른 생각이 끼어드는 횟수가 점점 줄어들게 된다. 이런 식으로 한 타임에 심호흡을 20~30번 정도씩 하며 꾸준히 명상을 한다면 누구나 주의력을 크게 높일 수 있다.

두 번째 방법은 사물의 시각화다.

사물의 시각화는 내 앞에 있는 사물이나 물체를 눈을 감고 생생하게 그려보는 것이다. 또는 상상 속에서 어떤 사물이나 물체가 내 앞에 있다고 가정하고 이를 생생하게 그려보는 것이다.

먼저 눈앞에 있는 어떤 물체를 한참 바라본다. 그리고 눈을 감는다. 그러면 그 물체에 대한 잔상이 남아 어떤 모습인지 그려질 것이다. 그 물체를 생생하게 떠올려서 그려본다. 색깔은 어떤지, 모양은 어떤지, 어떤 특징이 있는지 등을 세밀하게 떠올려서 그대로 재생해내는 것이다. 이러한 연습을 꾸준히 하면 주의집중력이 몰라보게 향상된다.

지금까지 해 온 연습이 잘 되어 왔다면 이제는 어떤 물체가 앞에 있다는 것을 가정해서 생생하게 그려보는 연습을 한다. 가령 식탁에 어떤 물체가 있다고 상상하고 그 물체에 대해 스스로 조금씩 상상의 정도를 늘려나가는 것도 주의력 향상을 위한 좋은 방법이다.

예를 들어, 식탁 위에 사과가 놓여 있다고 생각하자. 그리고 그 사과의 모양이 어떻게 생겼는지 색깔은 어떤지, 어떤 냄새가 나는지 등을 천천히 느껴본다. 그런 다음 좀 더 구체적으로 사과 표면에 어떤 상처가 있는지, 어떤 굴곡이 있는지 등을 더 세부적으로 느껴본다. 사과를 다른 각도에서도 관찰하며 무엇이 다른가를 찾아보고 또 사과를 잘라서 냄새도 맡아보고 맛도 보는 등 점점 상상의 강도를 높여가면서 느껴본다.

이렇게 어떤 사물에 대한 구체적 상상의 빈도를 늘려 가면, 점차 집중력이 향상되어 트랜스 상태에 들어가는 게 더 쉬워지고 치료 효과도 크게 높일 수 있다.

세 번째는 자기최면을 활용하는 방법이다.

이것은 녹음된 자기최면 유도문을 들으면서 스스로를 트랜스 상태로 유도한 후 주의집중력을 높이는 방법이다.

다음은 주의집중력을 높이는 자기최면 암시문이다. 스크립트를 녹음해서 매일 보름 정도만 꾸준히 들어도 주의집중력이 크게 향상되는 걸 경험할 수 있을 것이다.

주의집중력을 높이는 암시문 예시

편안하게 눈을 감고 심호흡을 합니다. 온몸의 힘을 쭉 빼고 오직 호흡에만 집중해 봅니다. 천천히 숨을 깊게 들이마십니다. 그리고 천천히 숨을 내뱉습니다. 몸의 힘을 빼고 숨을 깊이 들이마시고… 천천히 내쉽니다. 아랫배 끝까지 숨을 깊게 들이마시고… 다시 완전히 내쉽니다. 호흡에만 집중합니다. 아랫배 끝까지 숨을 천천히 들이마시고… 다시 천천히 완전히 뿜어냅니다. 숨을 들이마실 때마다 주위의 평화와 건강한 에너지가 나를 가득 채운다고 상상합니다. 그리고 숨을 내쉴 때마다 몸 안의 긴장과 불안이 모두 밀려 나갑니다. 숨을 들이마시며 나는 점점 더 건강해지고 평화로워집니다. 그리고 다시 숨을 내쉬며 온몸의 긴장과 불안이 모두 사라집니다. 숨을 들이마시고 내쉴 때마다 마음은 평온해지고 온몸은 편안하게 이완됩니다. (심호흡 10회 정도 실시) … 몸이 완전히 이완되어 아주 편안해지고, 마음도 아주 평온해졌습니다. 몸과 마음이 아주 편안해졌습니다.

이제 나의 의식은 내면 속으로 깊이 들어가 잠재의식과 연결되었습니다. 잠재의식은 활짝 깨어났습니다. 잠재의식은 언제나 나를 위해 존재하며, 나를 지켜주는 친구입니다. 나의 주의력도 조금씩 깨어납니다. 그동안 내 마음속에서 잠자고 있었고 마음속에 잠재되어 있었던 주의집중력이 깨어납니다. 나는 원래 주의집중력이 높습니다. 다만 그동안 잠자고 있었을 뿐입니다. 이제 나의 주의력은 점점 높아집니다. 나의 잠재의식은 주의집중력이 높아지는 것을 돕습니다. 따라서 의식과는 전혀 상관없이 나의 주의집중력은 점점 높아져 갑니다.

잠재의식이 언제나 나를 도와주고 있기 때문에 나는 편안한 마음으로 나 자신을 살피며 나의 주의력을 높일 수 있습니다. 또한 내가 주의력을 필요로 할 때는 언제든지 불러내서 주의력을 높일 수 있습니다. 나는 주의집중력이 높습니다. 내가 의식하든 의식하지 않든 나는 언제나 높은 주의력을 발휘할 수 있습니다. 내가 필요로 할 때는 언제든지 주의력이 올라오고 발휘됩니다. 나는 그것을 믿기 때문에 편안하게 주의력을 불러냅니다. 그렇게 하면 주의력은 언제든 즐거운 마음으로 나와서 나와 함께 합니다. 나는 그것을 믿기 때문에 편안합니다. 나는 필요할 때마다 모든 일에 주의 집중할 수 있으며, 나의 주의집중력은 매우 높습니다.

이제 주의력이 높아진 나의 모습을 생생히 떠올려 봅니다. 어떤 상상에 집중하고 있는 나의 모습을 떠올려 봅니다. 집중력이 높아진 나의 모습에 매우 기뻐집니다. 기뻐하는 모습을 보면서 마음속으로 따라해 봅니다. '나는 주의집중력이 높아져서 매우 기쁘다. 나는 주의집중력이 높아져서 매우 기쁘다.' 나는 주의집중력이 높아져서 매우 기쁩니다. 높은 주의집중력은 잠재의식에 그대로 각인되었습니다. 이제 최면에서 깨어나더라도 높은 주의집중력은 일상생활에서 그대로 유지될 것입니다.

이제 숫자를 다섯까지 세면 눈을 뜰 것입니다. 그리고 깨어난 후에는 몸과 마음이 상쾌하고 새로운 활력이 넘칠 것입니다. 하나… 둘… 셋… 머리가 맑아지며 팔다리에 힘이 들어갑니다. 넷… 머리가 아주 맑아집니다. 팔다리에 기운이 생기며 모든 것이 정상으로 돌아옵니다. 다섯… 머리가 아주 맑습니다. 눈을 뜨고 활짝 깨어나십시오.

평소에 주의집중 훈련을 조금씩만 해 두면 누구나 내면에 주의를 기울일 수 있는 트랜스 상태에 들어갈 수 있다. 숙달이 되면 심호흡과 몸에 힘을 쭉 빼는 것만으로도 쉽게 트랜스에 들어갈 수 있다.

따라서 다음 장부터 소개할 여러 NLP 기법들을 바로 시행하기보다는, 주의집중력을 향상시키기 위한 연습을 충분히 한 후 NLP 기법들을 적용한다면 훨씬 더 치료 효과를 높일 수 있다.

주의집중력을 높이는 것은 치료의 성공을 위한 기본 조건인 셈이다.

다음에 나오는 모든 방법들을 적용하기에 앞서, 주의집중력 향상 훈련을 먼저 하도록 추천한다.

CHAPTER 3

무대공포증 극복을 위한

NLP 심리치료 기법

앵커링:
긍정적 정서를 몸에 각인하기

앵커링anchoring이란 배를 정박시키기 위해 '닻을 내리는 행위'를 말한다. 상담학에서 앵커링이란 아주 행복했던 기억, 즐거웠던 순간, 기뻤던 경험 등에 닻을 내리는 것을 의미한다. 닻을 내린다는 것은 그러한 기억들을 쉽게 떠올릴 수 있게 특별한 행동을 취하는 것이라고 보면 되겠다.

유명한 '파블로프Pavlov의 개' 실험에 대해 들어보았을 것이다. 러시아의 생리학자 파블로프가 개에게 음식을 줄 때마다 항상 종소리를 들려주었더니 나중에는 종소리만 들려줘도 개가 침을 흘렸다는 내용이다. 처음에 주는 종소리는 개에게 아무런 의미가 없지만, 나중에 들려주는 종소리는 '음식이 곧 나올 것이다.'라는 기대감을 갖게 하는 소리가 된 것이다.

여기서 종소리는 개에게 음식을 떠올리게 하는 '앵커링' 도

구로 활용된 것이라고 할 수 있다. 일반적인 종소리는 개가 침을 흘리는 반응을 유도하는 자극이 아니지만, 파블로프의 개에겐 침을 흘리게 하는 반응을 일으키는 '앵커링'인 셈이다.

이처럼 특정 상황이나 감정, 기억을 떠올리게 하는 앵커링은 우리가 실생활에서도 자주 경험을 하고 있다. 예를 들어, 종교가 있는 사람들에게 십자가나 염주도 일종의 앵커링 도구라 볼 수 있다. 이는 십자가나 염주를 보거나 생각만 해도 마음이 편안해지고 행복해지기 때문이다.

스스로 자신감을 갖고자 주먹을 꽉 쥔다거나, "아자아자 파이팅!"을 외치는 것도 앵커링으로 작용하여, 그러한 행동을 하면 실제로 약간의 용기와 자신감이 생기곤 한다.

이 밖에도 어떤 음악을 들었을 때 과거의 어느 순간으로 돌아가 행복했던 순간들이 떠오른다면 그 음악은 행복한 감정을 불러일으키는 앵커링으로 작용한 것이다. 반대로 어떤 음악을 들었을 때 과거의 슬픈 기억들이 떠오른다면 그 음악은 부정적 정서를 불러일으키는 앵커링으로 작용한 것이라 볼 수 있다.

이렇게 우리는 알게 모르게 일상생활에서 앵커링을 선택하고 무의식적으로 이를 활용하는 경우가 많다.

이러한 원리를 이용해 나만의 앵커링 동작을 하나 정해서 이를 긍정적 정서와 연합시키면, 언제든지 쉽게 긍정적 감정을 떠올릴 수 있게 할 수 있다. 과거 행복했던 기억, 기쁨 충만했던 순간, 즐거웠던 경험들에 닻을 내려 그때의 기억을 쉽게 떠올리게 함으로써 즉시 긍정적 정서를 느낄 수 있게 하는 스위치 역할을 하는 게 바로 앵커링 동작인 것이다.

따라서 긍정적 정서와 연합된 앵커링 동작을 취하기만 하면 그 즉시 바로 자신감 넘치는 상태, 기쁨이 충만한 상태를 느낄 수가 있게 된다.

그럼 이제 앵커링을 설정하는 방법을 알아보도록 하자.

먼저 나만의 앵커링 동작을 정할 때는 평소에 자주 취하지 않는 동작으로 정하는 것이 좋다. 자주 취하는 동작으로 정하면 긍정적 정서와의 연합을 약하게 할 뿐 아니라 수시로 그러한 동작만으로 긍정적 정서가 아무 때나 떠올려지게 됨으로써 효과가 반감될 수 있기 때문이다.

따라서 쉽게 할 수 있으면서도 잘 취하지 않는 동작으로 정하는 게 좋다. 보통은 엄지와 검지를 동그랗게 맞잡는다든지, 엄지와 중지를 동그랗게 맞잡는 방법을 많이 쓴다.

두 번째는 과거에 아주 기분이 좋았거나 행복했던 순간, 자신감 넘쳤던 기억 3가지를 떠올리고 그때의 기억을 구체적으로 다시 경험해보는 것이다.

눈을 감고 당시의 일을 구체적으로 상세하게 생각하고 뚜렷하게 떠올려본다. 가장 기분이 좋았던 순간의 장면에서 들리는 소리, 보이는 사람, 행복한 감정 등을 구체적으로 느끼며 떠올려본다. 이렇게 몰입하여 구체적으로 떠올릴수록 그러한 일들이 마치 현실에서 또 일어나는 것처럼 여겨지게 된다.

우리의 뇌는 실제와 상상을 구분하지 못한다고 앞에서 말했다. 한번 눈을 감고 내 앞에 레몬이 있다고 생각해보자. 그 레몬의 구체적인 모습과 냄새를 구체적으로 느껴본 후 맛을 본다고 생각하면 눈이 찡그려지며 입안에 침이 고인다. 단순히 생각만하는 것으로는 입에 침이 고이지 않지만, 정말 맛을 본다고 생각하고 구체적으로 레몬의 향과 맛을 느끼면 입에 침이 고이게 된다.

이것은 우리 뇌가 실제와 상상을 혼동하기 때이다. 아무리 예전에 있었던 일이라고 해도 그때의 기억을 지금 다시 선명하게 느끼면서 떠올리면, 뇌는 마치 현실에서 다시 경험하는 것으로 느끼게 된다.

이제 첫 번째 기억 속으로 들어가 그때의 행복한 기분과 느낌이 생생히 살아날 때 심호흡을 하면서 앞서 정했던 앵커링 동작을 취한다. 여기서는 엄지와 중지를 동그랗게 맞잡는 것으로 하겠다. 이렇게 손가락 신호를 한 상태에서 기쁨으로 충만했던 순간의 장면을 더 선명하게 떠올리고 그때의 행복한 감정을 강하게 느껴본다. 약 10초 정도 이러한 느낌에 머물다가 손가락 동작을 풀고 잠시 눈을 뜬다.

그리고 두 번째 기억 속으로 들어가 똑같은 방법으로 행복한 감정이 절정에 이를 때 손가락 신호를 취하고 10초 정도 머물다가 다시 동작을 풀고 눈을 뜬다.

세 번째 기억에 대해서도 같은 방법으로 충분한 시간 동안 손가락 신호를 취한 후 동작을 풀고 눈을 뜬다.

이때 처음에 정한 손가락 신호는 바꾸면 안 된다. 여기서는 엄지와 중지를 동그랗게 맞잡는 방법을 앵커링 동작으로 정했기 때문에, 두 번째 기억과 세 번째 기억을 떠올려 행복한 감정을 저장할 때에도 모두 똑같은 동작을 취해야 한다.

자, 이렇게 하여 앵커링 설정이 완료되었다!

앵커링 설정이 잘 완료되었는지 한번 확인해보자. 엄지와 중지를 동그랗게 맞잡아 본다. 만약 저절로 흐뭇한 미소가 지어지고 기쁨으로 충만한 감정이 몸에 느껴진다면 앵커링이 잘 설정된 것이다. 그런데 별다른 느낌이 없다면 잘 설정되지 않은 것이기에 위의 과정을 집중하여 1~2차례 더 반복한다.

중요한 것은 실제 느끼는 것처럼 몰입해서 상상해야 한다는 것이다. 그럼 앵커링이 잘 설정될 수 있고, 이 앵커링 동작을 취하는 것만으로도 자신감 넘치는 상태, 긍정적 정서가 가득한 상태가 됨을 느낄 수 있을 것이다.

사람들 중에는 "저는 우울한 삶을 살아서 과거에 즐거웠던 기억이 하나도 없는데요?"라고 하는 사람들도 있다. 그렇다고 해도 전혀 걱정할 필요가 없다. 뇌는 실제와 상상을 구분하지 못한다고 했던 것을 기억하는가? 과거에 행복했던 경험이 하나도 없다고 상관없다. 그냥 생각만 해도 기분 좋아지는 상상을 임의로 만들어내면 된다.

내가 자신감 넘치게 발표를 마치고 사람들로부터 축하를 받는 모습, 사람들이 "네가 최고야!"라고 환호하는 모습, 내가 사람들 앞에서 박수받는 장면, 칭찬받아 기뻐하는 모습 등을 구체적으로 상상하여 떠올린 후 이를 손가락 신호에 저장하면 된다.

뇌는 실제와 상상을 구별하지 못하기 때문에 얼마든지 내가 원하는 장면을 상상해서 현실처럼 느끼게 할 수 있다!

앵커링을 설정하는 방법

1. 긍정적 정서를 몸에 각인시키기 위한 나만의 손가락 신호를 정한다. (ex. 엄지와 검지를 맞잡아 O자 형태로 만듦.)

2. 눈을 감은 상태에서 몸에 힘을 빼고 심호흡을 4~5차례 하여 편안하게 몸을 이완시킨다.

3. 과거에 아주 행복했던 경험이나 기억, 기뻤던 순간, 자신감 넘쳤던 기억 한 가지를 떠올리고 상기한다. 당시의 일을 구체적이고 상세하게 생각하고 뚜렷하게 떠올려본다. 그때의 기억속으로 들어가 그 순간이 마치 지금 일어나고 있는 것처럼 생생히 느껴본다.

4. 서서히 기분이 좋아지며 행복한 감정이 최고조에 달하기 직전에 손가락을 맞잡는다.

5. 행복한 감정을 충분히 느낀 다음 손가락을 떼면서 앵커링 상태를 해제한다.

6. 눈을 뜨고 잠시 쉬었다가 또 다른 행복했던 경험 1~2가지를 대상으로 위의 과정을 똑같이 반복한다. 특별히 생각나는 경험이 없다면, 기분 좋아지는 장면을 임의로 만들어낸다. 앵커링 설정 시 손가락 신호는 바뀌면 안 되므로 계속 엄지와 검지를 맞잡는 동작을 취한다.

가장 중요한 것은 행복했던 경험을 단순히 '생각'만 해서는 안 되고, 구체적인 기억들(주변에서 들려오는 소리, 보이는 사람, 온도, 느낌, 감정 등)을 세부적으로 '떠올려야' 한다는 것이다. 몰입을 해서 상상해야 실제처럼 느낄 수 있고, 그때 생기는 행복한 감정을 몸에 스며들게 할 수 있다.

그리고 위의 과정을 전부 속으로 생각하면서 혼자서 진행하기에는 여러 가지 어려움이 따를 수 있다. 과정을 혼자 생각하면서 하기에는 몰입하는 데 방해가 될 뿐 아니라 처음엔 집중을 잘하다가도 갈수록 집중력이 약해져 빨리 진행하는 경향이 생길 수 있다.

따라서 제대로 하기 위해서는 위의 과정을 스크립트로 만들어 녹음해놓고 천천히 이를 들으면서 진행하는 것을 추천한다.

지금은 3가지의 기억 또는 장면을 떠올려서 앵커링하는 방법을 설명했다. 평소에도 일상의 소소한 기쁨, 작은 행복감을 느낄 때마다 수시로 자신만의 동작을 취해 앵커링으로 설정해 두면 아주 좋다. 아주 작은 행복을 느끼게 될 때라도 틈틈이 앵커링으로 저장해 두면, 언제라도 그러한 동작을 취할 때마다 긍정적 정서가 배가됨을 느낄 수 있을 것이다.

발표를 앞둔 상황에서 긴장되고 떨린다면 발표에 앞서 미리 설정해 둔 앵커링 동작을 취해보도록 하라. 기쁨 충만한 감정이 몸에 차오르며 자신감 있게 발표에 임할 수 있게 될 것이다.

우수성의 원 :
나만의 원을 통해 발표 자신감 채우기

우수성의 원(Circle of Excellence)은 가상의 원을 만들고 그 원 안으로 들어가기만 하면 언제든 자신감 넘치는 상태로 만들 수 있는 방법이다.

앞에서 앵커링 기법에 대해 배웠는데, 우수성의 원 또한 원 안에 들어가는 순간 긍정적 정서가 충만해지는 상태가 되므로 일종의 앵커링 기법이라 할 수 있다.

우수성의 원은 긍정적 정서 중에 특히, 자신감을 필요로 하는 상황에서 많이 활용된다. 중요한 발표나 면접을 앞두고 긴장될 때, 시험을 앞두고 떨릴 때, 초조하고 불안한 기분이 들 때 이 기법을 활용하면 용기를 얻고 자신감을 크게 북돋울 수 있다.

이 외에도 우수성의 원은 앵커링 기법을 활용한 것이므로 기분이 우울하거나 마음이 불안정할 때에도 언제든 긍정적 정서로 들어가게 할 수 있는 방법이다.

우수성의 원을 활용하기 위한 구체적인 방법은 다음과 같다.

1. 상상 속에서 바닥에 훌라후프 크기의 원을 하나 그린다. 그리고 그 원은 소원을 이루게 해 주는 원이라고 상상한다.

2. 이 원을 내가 좋아하는 색깔, 음식, 음악, 물건 등으로 가득 채운다. 먼저 좋아하는 색깔로 채우고 그 색이 점점 진해진다고 상상한다. 그다음 지금 먹고 싶은 음식, 좋아하는 물건 등을 하나씩 원 안에 놓는다고 상상한다. 예쁜 장식물로 원을 꾸미고, 좋아하는 향수도 뿌린다. 그리고 원 안에는 내가 좋아하는 음악이 울려퍼지고 있다고 상상한다.

3. 이제 몸을 움직여 이 원으로 들어간다. 원 안에서 내가 좋아하는 노래를 들으며 음식의 맛을 느껴보고, 기분 좋은 냄새도 느끼며, 좋아하는 물건도 만져보는 자신의 모습을 상상한다. 내가 좋아하는 것들로 가득 차 있는 원 안의 기분 좋은 감정을 충분히 느껴본다.

4. 원 안에서 과거에 행복했던 경험, 기쁨 충만했던 기억을 하나 떠올린다. 그때의 경험을 오감五感을 활용해 구체적으로 체험하며, 그때의 긍정적 감정을 생생히 느껴본다. 이 원에는 이제 그때의 기분 좋은 감정까지 남아 있다고 상상

한다.

5. 이제 기분 좋은 감정은 원 안에 남겨두고 몸만 빠져나온다는 느낌으로 원 밖으로 빠져나온다.

6. 다시 몸을 움직여 원 안으로 들어간다. 그리고 기쁨 충만한 감정, 행복한 감정이 느껴지는지(되살아나는지) 확인한다. 이것은 우수성의 원이 긍정적 정서를 불러일으키는 앵커링으로 잘 설정되었는지 확인하는 과정이다. 만약 별다른 감정 변화가 없다면 위의 과정을 다시 반복한다.

7. 기분 좋은 감정 변화가 느껴진다면 다시 긍정적 정서는 원 안에 남겨둔다고 생각하고 몸만 빠져나온다.

8. 중요한 발표나 면접, 시험을 앞둔 상황에서의 떨리는 느낌, 긴장되는 순간, 초조한 감정, 불안한 느낌을 떠올려 본다.

9. 이러한 부정적인 감정을 가지고 다시 원 안으로 들어간다. 그리고 원 안에서 기쁨 충만한 감정, 행복한 감정을 충분히 느낀다. 이 상태에서 긴장되거나 떨리는 상황을 다시 떠올려보라. 이제는 긴장되거나 떨리는 모습이 자신감과 행복한 감정으로 덮어 씌워질 것이다.

10. 원 안에서의 긍정적 정서를 충분히 간직한 채 원 밖으로 나온다. 그리고 부정적 상황을 다시 떠올려본다. 그럼 '이것쯤이야'라는 자신감으로 바뀔 것이다.

11. 다시 원 안으로 들어가 긍정적 정서를 충분히 느낀 후 부정적 상황을 또 생각하면 아까보다 더욱 자신감이 높아진 상태를 느낄 수 있을 것이다.

12. 더욱 강해진 긍정적 정서를 몸에 지닌 채 원 밖으로 빠져나온다.

이렇게 해서 우수성의 원이 잘 만들어졌다. 이 우수성의 원은 내가 필요로 할 때마다 나타나 언제든 내 옆에 있다고 상상한다. 그럼 이제 실전에 활용하면 된다. 발표를 앞두고 떨린다면 바로 이 우수성의 원이 내 발밑에 있다고 상상한다. 그럼 바로 자신감 넘치는 상태가 되살아날 것이다. 또한 면접을 앞두고 긴장된 상황에서 우수성의 원이 내 발밑에서 계속 따라다닌다고 상상하면, 즉시 기분 좋은 감정이 되살아나 자신감 있는 태도로 면접에 임할 수 있게 될 것이다.

우수성의 원을 만들 때 앵커링과 마찬가지로 혼자서 속으로만 상상하여 진행하기에는 집중도가 떨어질 수 있다. 따라서 하나의 스크립트로 만들어 녹음한 뒤 들으면서 하도록 추천한다. 이 예시에 대한 스크립트는 앞에서 소개해놓은 출판사 카페에서 내려받아 사용해도 괜찮다.

청중들 앞에서 웃으며 당당하게 말하기 위해서는 먼저 자신감 있는 태도가 가장 중요하다. 중요한 발표를 앞두고 떨리거나 긴장될 때, 면접에 앞서 초조하고 불안할 때 우수성의 원을 활용해보도록 하자.

조금도 떨리지 않고 씩씩하게 자신감 넘치는, 기분 좋은 상태로 임할 수 있을 것이라고 확신한다.

시간선 치료 :
타임머신을 타고 발표 트라우마를 극복하기

발표공포증은 사회불안장애, 즉 사회적 공포증의 하나다. 사
회적 공포증은 사회적 상황에서 자신이 당황스럽고 수치스럽
게 행동할지도 모른다는 데 대한 강한 두려움이 지속해서 나타
나는 것이 특징이다. 여기서 사회적 상황이란 사람들 앞에서 말
하거나 글씨를 읽고 쓰는 것, 대화를 시작하고 유지하는 것, 권
위가 있는 인물 앞에서 이야기하는 것, 사회적 상호작용을 해야
하는 것 등을 말한다.

발표공포증은 이러한 상황 중에서도 특히, 여러 사람들 앞에
서 말을 해야 하는 상황에서 비합리적인 불안 반응이 나타나는
것이라 할 수 있다. 발표공포증이 있는 사람들은 발표를 하는
동안 망신을 당할지도 모른다는 불안감에 대해 스스로 과도하
고 비합리적이라고 인지하고 있지만, 사람들 앞에서 말을 해야

하는 상황이 되면 또다시 불안 반응을 일으키게 된다.

이러한 불안 증상에는 먼저 자신의 의지와는 상관없이 불안해 하고, 긴장된 마음에 심장박동이 빨라진다. 글을 읽듯이 말을 하고 눈맞춤을 하지 못한다. 그리고 온몸에는 식은땀이 흐르며, 틱 증상을 보이기도 한다.

발표공포증으로 인해 나타날 수 있는 틱 증상들

운동틱	눈 깜박이기, 눈동자 돌리기, 코 찡그리기, 얼굴 찡그리기, 고개 갸우뚱 하기, 어깨 으쓱하기, 목 움직이기, 손짓, 무릎 구부리기 등
음성틱	기침하기, 킁킁거리기, 콧바람 불기, 새소리 내기, 갑작스럽게 단어나 구 句 말하기 등

이러한 증상들로 인해 발표를 할 때 경직된 자세로, 자연스럽게 말을 하지 못하고 버벅거리거나 읽듯이 겨우 입을 뗀다.

그럼 발표공포증은 왜 생기는 걸까?

발표공포증은 보통 자신이 의식하지 못하는 트라우마와 관련되어 있는 경우가 많다. 발표 상황이나 대화 상황에서 큰 창피를 당하거나 수치심을 느낀 경험이 있는 경우, 이러한 기억이 무의식에 저장되어 있다가 같은 상황이 되면 몸에 각종 신호를 보내는 것이다.

발표와 관련된 트라우마는 무의식에 저장되어 있다가 발표를 해야 할 상황이 생기면 몸에 각종 신호를 보내 발표를 피하라고 명령을 내린다. 그래서 발표 기회가 생길 때마다 자신도 모르게 긴장되고 경직된 반응을 보이게 되는 것이다.

그런데 이 같은 몸의 반응은 사실 무의식이 우리 몸을 보호하기 위한 자연스러운 현상이다. 무의식은 오로지 우리의 몸을 지키기 위해서 기능을 하고, 외부 위협으로부터 우리를 안전하게 지켜주는 고마운 존재이기 때문이다.

따라서 발표할 때 당했던 괴로운 경험을 무의식 속에 저장하고 있다가 비슷한 상황이 발생하면 또다시 괴로운 경험을 겪게 하지 않기 위해 발표를 하지 말라고 몸에 명령을 내린다. 같은 상황을 다시 겪게 하지 않기 위한 무의식의 보호조치인 셈이다. 비록 겉으로 보이는 증상들은 벌벌 떨고 버벅거리는 등의 이상한 모습으로 나타나기는 하지만.

그럼 발표와 관련된 공포 증상들을 어떻게 없앨 수 있을까?

당연히 무의식에 저장된 트라우마를 없애야 할 것이다. 그래야 근본적인 치료가 가능하다.

여기서는 무의식에 저장된 트라우마를 없애는 방법에 대해서 설명하고자 한다. 대표적인 방법 중 하나는 바로 시간선 치료(Time Line Therapy)이다.

시간선(Time Line)은 과거, 현재, 미래를 시간의 흐름에 따라 선으로 표현한 것을 말한다. 우리의 의식으로 과거, 현재, 미래를 떠올리고 이를 연결하는 선을 쭉 그으면 시간선이 되는 것이다.

나의 인생 전반이 저장된 영화 필름이 있다고 생각해보자. 이 필름에는 태어나서부터 지금까지의 경험들이 녹화되어 있고, 앞으로의 미래는 비어 있는 필름으로 되어 있다. 이 필름을 길게 쭉 펼치면 나의 인생이 하나의 선으로 연결될 것이다.

이 필름처럼 나의 과거와 현재, 미래의 인생을 하나의 선으로 길게 표현한 것을 시간선이라고 한다. 그런데 사람마다 자신이 가지고 있는 시간선이 다 다르다. 이것은 과거, 현재, 미래를 상상하고 하나의 선으로 연결하라고 했을 때, 사람마다 과거, 현재, 미래에 해당하는 장면이 보이는 위치가 다 다르다는 것을 뜻한다.

보통은 영화 필름처럼 현재를 기준으로 왼쪽이 과거, 오른쪽이 미래 순으로 그려지거나 과거는 등 뒤쪽에서 그려지고 미래는 앞쪽으로 그려지는 시간선을 떠올리는 이들이 제일 많다.

그렇지만 시간선이 V자 모양으로 과거는 왼쪽 앞에서 그려지고 미래는 오른쪽 앞에서 그려진다는 사람들도 있고, 과거는 비스듬하게 뒤에서 그려지고 미래는 비스듬하게 앞에서 사선 모양으로 그려진다는 이들도 있다. 이처럼 과거와 현재, 미래를 떠올리는 위치는 사람마다 다 다르다.

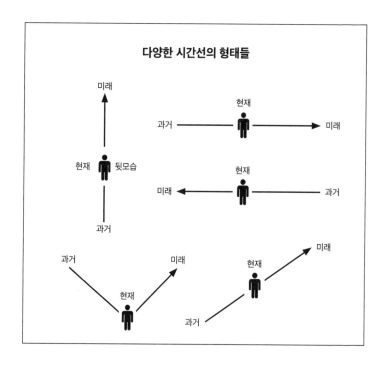

다양한 시간선의 형태들

시간선을 확인하는 방법은 과거의 어떤 기억을 떠올려서 어느 쪽에서 그려지는지 확인하고, 미래의 어떤 일을 상상했을 때 어느 방향에서 그려지는지 확인한 후 선으로 연결하면 된다. 아니면 그냥 일상생활에서 규칙적으로 하는 일들을 떠올려도 된다.

예를 들어 세수하기를 떠올린다면, 바로 어제 세수하는 모습을 떠올릴 때 어느 위치에서 그려지는지 확인하고, 또 내일 세수하는 장면을 상상하여 어느 위치에서 그 장면이 보이는지 확인한 후 선으로 연결하면 된다.

나만의 시간선이 완성되면 이제 현재 위치에서 우주로 올라가는 상상을 하여, 우주 공간에서 나의 인생을 담은 시간선을 길게 그린다. 그리고 시간선을 따라 과거와 현재, 미래를 오가며 부정적 기억들, 트라우마를 제거하고 내가 원하는 장면을 실현하는 기법이 시간선 (Time Line Therapy) ™이다.

시간선 치료는 미국의 태드 제임스Tad James 박사가 개발한 치료법으로 국제 라이센스가 등록되어 있어 텍스트로 표기할 때는™(트레이드 마크)을 붙여서 사용한다.

시간선 치료는 공중으로 올라가는 상상을 하기에 공간으로부터 '분리'가 되며, 과거-현재-미래를 오가기에 시간으로부터도 '분리'되는 방법을 응용한다. 현재의 시·공간에서 분리가 되면, 현재 나의 상황과 관련이 되어 있는 정서나 의미도 함께 분리된다.

예를 들어, 실제 발표를 앞두고 있는 상황이라면 매우 긴장되고 떨릴 것이다. 그런데 이 상황을 영화처럼 감상하고 있다고 생각하면 조금도 떨리지 않을 것이다. 이것은 내가 발표하는 상황(공간)으로부터 분리가 되었기 때문이다. 또한 발표를 얼마 안 남겨둔 상황이라면 매우 긴장되고 떨리겠지만, 발표가 끝난 후라고 생각하면 조금도 떨리지 않을 것이다. 이것 역시 시간으로부터 분리가 되었기 때문이다.

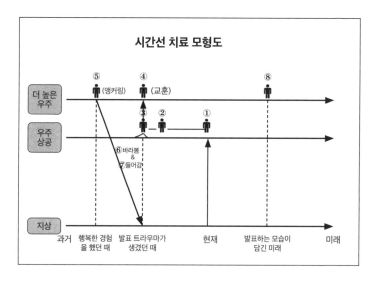

이처럼 현재의 시·공간에서 분리가 되면 이와 관련된 감정과 그 의미도 같이 분리가 되기에 상황을 객관적이고 초연하게 바라볼 수 있게 된다. 시간선 치료는 바로 이러한 시·공간의 분리를 이용한 것이다. 그렇기 때문에 시간선 치료는 각종 발표공포증이나 우울증, 불안감 등 부정적 정서나 제한적 신념의 극복에 탁월하며, 심리 변화에 효과적이다.

시간선 치료로 발표 트라우마를 제거하고 자신감을 회복하는 방법은 다음과 같다.

시간선 치료로 발표 관련 트라우마 제거 방법

1. 눈을 감고 심호흡을 5~6회 하며 몸과 마음을 이완한다.

2. 발표와 관련된 트라우마가 처음 어느 때 비롯된 것인지 마음속으로 떠올려본다. 언제부턴지 기억이 나지 않으면 발표와 관련된 창피했던 기억을 아무거나 하나 떠올린다.

3. 현재 위치에서 높이 떠올라 천천히 하늘까지 날아가고 우주까지 떠오른다고 상상한다 ①. 그리고 우주에서 과거에서 현재를 지나 미래로 가는 시간선을 길게 그린다. 시간선 확인하는 방법은 주관적인 느낌을 따라도 되고, 과거-현재-미래에 세수하는 모습을 떠올리고 연결해도 된다.

4. (시간선이 왼쪽에서 오른쪽으로 이어졌다면) 시간선을 따라 과거 (왼쪽) 방향으로 날아가다 최초 발표 트라우마를 불러왔던 사건이 발생했던 곳 바로 앞에서 멈춘다 ②. ②번 위치에

서 사건이 발생했던 곳③을 바라본다. 그곳③이 울퉁불퉁해 보이거나 얼룩져 보이거나 조금 튀어나온 것처럼 다르게 보일 것이다. 기분도 긴장되거나 불쾌하게 느껴지는지 확인하라.

5. ③번 위치에서 우주 더 높이 100배 더 높이 날아오른다. 이것은 더 높이 날아올라 공간으로부터 분리시켜 불쾌한 감정을 사라지게 하기 위함이다. 불쾌한 감정이 남아 있다면 우주 더 높이 날아오른다.

6. 더 높이 날아오른 위치④에서 시간선을 또 길게 그린다. 그리고 ④번 위치에서 그때 사건으로부터 얻을 수 있는 교훈을 생각해본다. 무의식이 가는 대로 그 경험으로부터 얻을 수 있는 교훈과 그 과제를 해결할 수 있는 방법이 무엇인지 떠올려본다. 사건과 분리되어 있기에 제3자의 입장에서 자신을 돌아보게 되어 평상시 떠오르지 않던 해결 방법과 교훈을 찾을 수 있을 것이다.

7. 이 교훈을 가지고 과거 행복한 경험을 했던 때⑤로 날아간다. ⑤번 위치에서 행복했었던 순간을 오감五感을 활용해 떠올려본다. 무엇이 보이는가? 무슨 소리들이 들리는가? 온도는 어떠한가? 그때의 기쁨 충만한 감정을 가슴 깊이 느끼고, 기분이 최고조에 이를 때 앵커링을 하여 저장해

놓는다.

8. 행복한 기분을 우주 상공에서 충분히 느끼며 앵커링한 상태를 유지한 채, 최초 트라우마를 일으켰던 사건을 바라본다 ⑥. 사건 훨씬 이전으로 날아간 상태이고 우주 상공에서 바라보는 것이기에 그 사건이 보이지 않을 것이다. 만약 보인다면 더 높이, 더 과거로 날아간다.

9. 6에서 깨달은 교훈과 7에서의 행복한 기분을 가지고(이때 앵커링을 유지하면 좋다), 트라우마가 생겼던 사건(경험) 속으로 다시 들어간다 ⑦. 그 사건이 긴장되거나 불편하지 않고 편안하게 느껴질 것이다. 만약 불편하게 느껴진다면 7번에서 행복했던 기억을 더욱 구체적으로 떠올려서 기분 좋은 감정을 더욱 강하게 느낀 후 그 사건으로 다시 들어간다. 그럼 그 사건이 편안하게 느껴질 것이다.

10. 따라 미래 어느 순간⑧으로 날아가 사람들 앞에서 발표하는 장면을 상상해본다. 여유 있게 웃으며, 자신감 있게 발표하는 자신의 모습이 떠올려질 것이다.

여기서는 7번에서 행복한 경험을 한 가지만 떠올렸는데, ⑤번 위치에서 더 과거로 날아가 행복했던 경험 1~2가지를 더 떠올려서 기쁨 충만한 감정을 앵커링하여 몸에 더 저장해 놓으면 좋다. 시간선 치료는 앵커링과 함께 활용하면 매우 효과적이다. 그런 상태에서 트라우마가 생겼던 때로 들어가면 부정적 감정을 더 확실하게 긍정적 감정으로 바꿔놓을 수 있다.

다른 모든 기법과 마찬가지로 시간선 치료에서도 특히 '집중'이 중요하다. 경험들을 구체적으로 떠올리고, 모든 과정에 몰입하여 실제처럼 상상하고 느낄수록 치료 효과가 커진다.

언뜻 보면 복잡할 수 있는데, 몇 번 연습해보면 전혀 어렵지 않다. 시간선 치료 역시 익숙해지기 전에는 스크립트를 만들어 녹음해놓고 들으면서 하는 것을 추천한다.

다음은 시간선 치료에 대한 스크립트 예시다. 시행 전에 자신의 시간선 형태는 미리 찾아놓고, 과거 행복했던 경험 또한 1~3가지를 미리 생각해 놓는다. 스크립트는 마치 상대방이 나에게 말해 주는 형태로 만드는 것이 좋다.

자, 현재 상태에서 몸이 점점 공중으로 떠오릅니다. 천장까지 떠오르고… 천장을 지나 점점 높이 올라갑니다. 구름까지 날아오릅니다. 자, 구름에서 아래를 내려다 보세요. 무엇이 보이나요? 아주 조그맣게 보이지요? 이제 구름 위를 지나 더 높이 올라갑니다. 더 높이 날아오릅니다. 우리나라가 한눈에 들어올 만큼 날아오르세요. 이제 우주까지 날아가고… 우주에서도 더 높이 날아오릅니다. 지구가 작아지고… 지구가 눈앞에서 사라질 때까지 높이 올라가세요.

지금 당신이 있는 공간은 현재의 우주 상공입니다. 현재 위치에서 (시간선이 왼쪽에서 오른쪽으로 그려진다면) 당신의 과거에서 현재를 지나, 미래로 가는 선을 왼쪽에서 오른쪽으로 길게 그려보세요. 왼쪽이 과거이고 오른쪽이 미래인 시간선을 길게 이어지게 그려봅니다. 그리셨나요?

좋습니다. 지금 그린 선이 당신의 시간선입니다. 이제 왼쪽, 즉 과거 방향으로 계속 날아갑니다. 선 위를 따라 계속 날아가세요. 계속 날아가다 보면, 과거의 선 어딘가에서 발표 트라우마가 생겼던 곳(기억이 나지 않는다면 가장 크게 창피함을 당했던 기억이 있던) 그 부분이 보일 것입니다. 그 지점의 선이 어떻게 보이지요? (울퉁불퉁하거나 뭔가 달라 보일 것이다.)

좋아요. 이제 그 선 바로 위에 올라서 보세요. 지금 기분이 어떤가요? (아마 불쾌하거나 답답한 기분이 들 것이다.) 그 시간선 위에서 불쾌한 기분이 사라질 때까지 더 높이 날아오릅니다. 100배 더 높이, 우주 더 높이 날아오릅니다…. (불쾌한 기분이 없어질 때까지 날아오르면 된다.)

지금 이 상태에서 발표 트라우마와 관련된 기억(식은땀을 흘리는 모습, 주눅들어 있는 모습, 벌벌 떠는 모습, 틱 증상, 버벅거리는 모습, 사람들이 비웃는 모습, 사람들이 놀리는 광경 등)에서 어떤 교훈을 얻을 수 있는지 생각해봅니다. 떠오르는 대로… 무의식이 가는 대로… 불현듯 떠오르는 교훈이 있는지 말해봅니다. (떠오르는 교훈을 조그맣게 말한다. 예를 들어, "사람들을 의식하지 않고 말했어야 해요.", "사람들의 말이나 행동을 신경 쓸 필요가 없었어요.", "그냥 당당하고 자신감 있게 말했어야 해요." 등이 떠오를 것이다.)

그렇습니다. 사람들을 의식하지 않고 그냥 편안하게, 친구에게 말하듯 발표에 임하면 됩니다. 당신이 준비한 내용을 그냥 당당하게 말하면 됩니다. 내가 뭐라고 말하든 아무도 뭐라고 하는 사람은 없습니다. 사람들이 좋아하는 표정을 상상하면서, 그냥 자신감 있게 발표하면 됩니다.

자, 이 교훈을 가지고, 이제는 시간선을 따라 더 과거로 날아갑니다. 더 과거로 날아가 행복했던 순간이 저장되어 있는 지점까지 날아가 봅니다. … 그곳은 행복했던 순간의 우주 상공입니다. 그렇습니다. 지금 당신에게는 무슨 일이 일어나고 있나요? 무슨 소리들이 들리나요? 당신은 무엇을 보고 있나요? 주변 사람들이 하는 말을 들어보세요. 주변의 감촉을 느껴보세요. 그리

고 그 따뜻함, 행복감을 가득 느껴보세요. 그 행복했던 기분을
마음껏 느껴보세요. …

앵커링하는 동작을 취하여 지금의 행복한 감정을 저장해 둡
니다. (10초정도 후) 앵커링 동작을 해제합니다.(나머지 행복했던 경
험 1~2가지에 대해서도 똑같이 시간선을 따라 과거로 날아간 후 행복한 감정
을 느끼고 앵커링한 후 동작을 해제한다.)

이제 기쁨으로 충만한 감정을 지닌 채 그리고 아까의 그 교
훈을 가지고, 지금 이 위치에서 발표 트라우마가 있었던 사건을
바라봅니다. 보이나요? 보인다면 더 높이, 더 과거로 날아가세
요. 그리고 다시 그 사건을 바라봅니다. 이젠 보이지 않습니다.
이곳은 까마득히 높은 우주 상공이고, 그 사건이 일어나기 한참
전이니까 당연히 보이지 않습니다.

하지만 당신은 '남을 신경 쓰지 않고, 그냥 친구에게 말하듯,
편안하고 당당하게 말하면 된다.'는 교훈을 가지고 있습니다.
그 교훈과 행복한 감정을 가지고 앵커링한 상태로, 다시 트라
우마가 있었던 사건속으로 들어갈 것입니다. 하나, 둘, 셋을 세
면, 그 사건의 장면속으로 들어갈 것입니다. 자, 앵커링 동작을
취한 상태로, 하나… 둘… 셋! … 그 사건 속으로 들어갔습니다.
생각나는 것을 느껴보세요. (발표 장면이 별거 아닌 것처럼 느껴지고,

자신감에 차 있는 자신의 모습이 느껴질 것이다. 만약 긴장되고 떨린다면 위의 행복했던 경험을 다시 구체적으로 떠올리고, 기분 좋은 감정을 더 강하게 느낀 후 다시 사건 속으로 들어온다.)

좋습니다. 그럼 이제 다시 우주로 올라옵니다. 그리고 시간선을 따라 1년 후 당신이 발표하는 장면이 나오는 미래로 가봅니다. 어떤 장면이 보이시나요? 당신이 사람들 앞에서 발표하는 모습을 떠올려 보시겠습니까? 네 그렇지요. 지금처럼 웃으며 여유 있게 말을 하시면 됩니다. 남들을 의식하지 않고 자신감 있게 발표하시면 됩니다.

하나도 떨지 않고 당당하게 말하는 당신의 모습을 보고, 가족들이 기뻐하는 모습을 떠올려 보세요. 엄마의 표정이 어떠신가요? 네, 환하게 웃고 있지요? 청중들의 모습도 떠올려 보세요. 네, 청중들도 환호하고 있군요.

맞습니다. 발표는 원래 자연스러운 것이고, 친구한테 말하듯이 그냥 편안하게 하면 됩니다. 아주 잘했습니다. 지금처럼 행복한 감정을 가지고 미소를 띤 채, 자신감과 여유를 가지고, 편안한 마음으로 발표에 임하면 됩니다. 잘하셨습니다. 파이팅입니다. 자 이제 눈 뜨세요!

시간선 치료에 익숙해지면 상상만으로도 스스로 발표공포증을 해결하고, 자신이 원하는 방향으로 감정과 행동을 바꾸어 치유할 수 있다. 시간선 치료로 부정적 경험과는 분리하고 긍정적 경험과는 연합하여, 발표 트라우마를 제거하고 자신감을 충만하게 채우도록 하자. 발표와 관련된 부정적 자아상을 긍정적으로 변화시키는 데 큰 도움이 될 것이다.

공중분리기법 :
부정적 기억과 분리하고 긍정적 경험과 연합하기

    분리와 연합은 심리치료를 위한 기본 철학이다. 여기서 '분리'는 발표와 관련된 부정적 기억들로부터 떨어진다는 의미이고, '연합'은 자신감 넘쳤던 기억이나 긍정적 경험들과 하나가 된다는 의미다. 앞의 시간선 치료에서도 이러한 분리와 연합의 의미가 잘 활용되었음을 알 수 있을 것이다. 공중분리기법은 이러한 분리와 연합의 원리를 가장 잘 활용하는 기법이다.

    분리와 연합에 대한 이해를 돕기 위해 한 가지 예를 들어보겠다. 내가 영화를 보고 있다고 가정할 때, 만약 그 영화 속으로 들어가 주인공이 되어 주인공이 겪는 일들을 생생하게 체험한다면, 이는 상황과 연합이 된 것이다. 주인공이 겪는 모든 일들을 내가 직접 체험하는 것이므로, 내가 주인공과 연합이 된 것이다. 우리가 앞에서 행복했던 추억을 떠올려 생생하게 느끼고 자 한 것은 그때의 상황과 '연합'을 위한 것이었다.

그런데 그냥 스크린 밖에서 관객으로서 담담하게 벌어지고 있는 장면을 감상한다면, 이는 영화 속 상황과 '분리'된 것이다. 이때는 내가 영화를 제3자 입장에서 관찰하는 것이기 때문에, 내가 영화 속 상황과는 철저히 분리되는 것이다.

만약 내가 영화 속 장면들과 연합이 된다면 안에서 벌어지는 경험들이 생생하게 와닿고 그에 따른 감정도 크게 느껴지겠지 만 관객이라면, 즉 영화 속 장면들과 분리가 된다면 그에 따른 감정도 주인공이 된 것보다는 무덤덤하고 둔감하게 느껴질 것이다.

발표할 때 긴장되고 두려운 감정이 드는 이유는 내가 그 상황과 연합돼 있기 때문이다. 따라서 부정적 정서로부터 벗어나기 위해서는 먼저 그 상황과 분리가 되어야 한다. 즉 발표하는 장면을 제3자 입장에서 객관적으로 바라본다면 마치 영화를 보는 것처럼 느껴져 긴장이 되거나 떨리지 않을 것이다.

분리는 경험의 주체로부터 분리되는 것이기 때문에 거리가 멀어질수록 분리가 되는 효과도 커진다. 예를 들어, 내가 사는 지역에 지진이 발생했다고 하면 가슴이 두근거리고 두려움에

휩싸일 것이지만 가까운 다른 도시에서 일어났다고 하면 감정의 동요가 조금 덜할 것이고, 멀리 떨어진 도시에서 일어났다고 하면 그렇게 크게 와닿지 않을 것이다. 만약 미국에서 일어났다고 하면 그냥 스쳐 지나가는 기사쯤으로 여길지도 모른다. 사건으로부터 멀어질수록 강 건너 불구경이 되는 것이다.

이처럼 상황에서의 분리는 마치 타인을 보는 것처럼 만들어 내가 겪고 있는 감각과 감정에 대해서도 분리가 되는 효과가 있다. 따라서 발표와 관련된 부정적 경험이나 기억들도 그때의 자신으로부터 나 자신을 공중이나 먼 지역으로 분리해 3인칭으로 바라보는 상상을 하는 것만으로도 여러 부정적 감정들이 상당히 완화된다. 발표 상황으로부터 멀어지는 것을 실제처럼 몰입하여 상상할수록 부정적 감정들은 완전히 제거될 수 있다.

공중분리기법은 발표와 관련된 부정적 상황들로부터 완전히 분리한 후, 긍정적 경험과의 연합을 통해 발표 트라우마를 극복하고, 자신감을 회복하는 방법이다.

발표와 관련된 부정적 상황이나 기억, 경험으로부터 분리되었다면, 이제는 나를 긍정적인 경험이나 상황, 기억과 연합(결부)시킬 차례다. 연합은 내가 주체가 되어 과거의 행복했던 경험들을 떠올리고, 좋아하는 대상물을 보고 좋아하는 소리를 듣고 냄새를 맡는 등 직접 체험을 하며 느끼는 것이다.

연합이 된 경험은 생생한 느낌과 감정을 전달한다. 분리만 하여도 심리치료의 효과가 있으나 내가 좋아하는 상황이나 대상과 연합을 하면 훨씬 더 긍정적인 치료 효과를 얻을 수 있는 것이다.

앞에서 우리의 뇌는 실제와 상상을 구별하지 못해서 상상을 실감 나게 할수록 이를 실제라고 느끼며 착각을 한다고 하였다. 이러한 원리를 이용하여 발표와 관련한 부정적 경험에 대해서는 아주 멀리 떨어져 분리시키고, 자신감 넘쳤던 상황과는 연합시키는 상상을 실감 나게 한다면 얼마든지 발표공포증에서 벗어나 기쁨으로 충만한 감정, 자신감을 가질 수 있다.

그럼 이제 공중분리기법의 방법을 알아보도록 하자. 먼저 문제의 상황을 떠올리고 그 상황에 충분히 몰입한다. 몰입이 충분히 강해졌다면 자신의 몸에서 나와 3인칭의 형태로 분리한 후, 공중으로 올라가서 문제 상황을 내려다 본다.

다음으로 행복했던 기억이나 내가 좋아하는 대상물과 충분히 연합한 후 다시 내려와 문제를 바라본다. 집중하여 제대로 시행을 했다면 발표와 관련된 불안이나 긴장감은 느껴지지 않을 것이다. 만약 고소공포증이 있는 경우에는 '거리분리기법'

을 사용하여 지상에서 점점 멀리 떨어져서 문제 상황을 바라보게 한다.

다음은 발표공포증 극복을 위한 공중분리기법의 스크립트 예시다.

발표 트라우마를 일으켰던 사건(기억이 나지 않는다면, 발표 곤란을 겪었던 사건)을 떠올립니다. 그 사건속으로 들어가 그때의 상황들을 구체적으로 경험해봅니다. 강의실의 크기는 어떤가요? 강의실의 온도는 어떤가요? 청중들은 누구인가요? 사람들의 시선은 어떤가요? 사람들이 웅성거리는 소리가 들리나요? 사람들의 표정은 어떤가요?

사람들 앞에서 발표할 때의 부정적 감정들을 생생하게 느껴봅니다. 발표할 때의 공포감, 긴장감, 떨림, 식은땀을 흘리는 모습, 버벅거리는 모습, 안절부절하지 못 하는 모습 등 고통스런 감정과 모습을 오감을 동원하여 생생히 느껴봅니다. ….

이제 자신의 몸에서 천천히 분리되어 빠져나온다고 상상합니다. 자신의 몸에서 빠져나와 천장 높이로 떠올라 부정적 정서를 경험하고 있는 자신과 주변 상황을 바라봅니다. 자신의 모습이 어떻게 보이나요? 사람들의 시선은 어떤가요? 사람들의 얼굴 표정은 어떤가요? 웅성거리는 소리들이 들리나요?

더 높이 고층 아파트 높이로 떠올라, 자신의 모습을 내려다봅니다. 당신의 모습이 작게 보이나요? 당신은 어떤 표정을 하고 있나요? 당신은 어떤 행동을 하고 있나요? 사람들의 모습은 보이나요? 보인다면 어떤 표정들을 짓고 있나요?

이제 더 높이 구름 높이로 올라가 봅니다. 그리고 자신의 모습을 내려다봅니다. 당신의 모습이 희미하게 보이나요? 보인다면 당신의 표정은 어떤가요? 사람들의 모습은 어떤가요? 들리는 소리들이 있나요?

이번엔 더 높이 우주까지 올라가서 지구를 바라봅니다. … 잠시 후 지구가 공처럼 작게 보일 때까지 더 높이 올라갑니다. 그리고 지구가 아예 보이지 않을 만큼 더 높이 올라갑니다. … 아주 높이 올라가서 지구가 보이지 않습니다. 지구가 보이지 않으니 자신의 모습도 보이지 않을 것입니다.

지금 있는 곳은 아주 평화롭고 건강한 에너지가 가득 차 있는 우주 공간입니다. 우주의 기분 좋은 감촉을 느껴보세요. 우주의 건강한 공기를 천천히 들이마시고 … 내쉬세요 … 우주에는 당신이 좋아하는 노래가 흘러나오고 있고 … 향기로운 꽃향기가 주변을 가득 채우고 있습니다. … 사랑하는 가족들의 웃음 소리가 들리고… 가족들과 행복한 시간을 보내고 있는 장면을 상상해봅니다. 어렸을 때 칭찬받았던 기억도 떠올려 봅니다. 자신감 넘쳤던 기억도 있으면 떠올려 봅니다. 그 외 행복했던 경험이 있으면 구체적으로 떠올려 봅니다. 기분이 아주 좋습니다. 매우 행복합니다. 그리고 그 기쁨 충만한 감정이 최고조에 이를 때, 앵커링하는 동작을 취합니다. 기분 좋은 감정을 충분히 느낀 후 앵커링 동작을 해제합니다.

잠시 후 이제 지상으로 내려갈 것입니다. 하나, 둘, 셋을 세면 발표 현장으로 다시 들어갑니다. 앵커링을 한 상태에서… 하나… 둘… 셋! 발표 현장으로 다시 들어왔습니다. 당신의 기분은 어떤가요? 표정은 어떤가요? 사람들의 표정은 어떤가요? 처음 상태와 어떻게 다른가요? 긴장감, 두려움이 사라지고 그 상황이 기분 좋게 느껴질 것입니다. (아직 부정적 정서가 약하게 느껴진다면 위의 과정을 1~2번 더 반복합니다.)

공중분리기법은 발표공포증을 느꼈던 상황을 멀리 떨어져서 객관적으로 바라보고, 거기서 긍정적 정서와 연합하여 내가 원하는 상태를 실현하는 치료 방법이다. 발표와 관련된 부정적 정서 제거에 아주 효과적이다.

이 역시 다른 모든 기법들과 마찬가지로, 단순한 상상이 아니라 상황에 몰입하여 구체적으로 상상할수록 효과가 뛰어나다. 따라서 위의 절차를 단순히 외워서 혼자 하기보다는 상대방이 유도하는 대로 따라 하거나, 혼자서 할 경우엔 스크립트를 만들어 녹음해서 틀어놓고 할 것을 추천한다.

공중분리기법은 단독으로 시행하기보다 시간선 치료와 같이 시행하는 것이 훨씬 더 효과적이다. 그렇기에 실제 임상에서도 공중분리기법을 먼저 한 후에 이어서 시간선 치료를 하는 것이 대부분이다.

다음은 지금까지 배운 공중분리기법과 앵커링, 시간선 치료를 같이 활용한 상담 사례이다. 발표 불안과 관련된 사례는 아니지만 실제 임상 현장에서 이러한 기법들이 어떻게 적용되는지 살펴봄으로써 발표 불안 해결에도 도움이 될 수 있을 것이다. 치유 원리는 모든 정신 증상에 동일하게 적용될 수 있기 때문이다.

공중분리 + 앵커링 + 시간선치료가 적용된 상담 예시

수영(가명)씨는 매사에 자신감이 없고 열등감이 심했다. 무엇을 해도 자신은 항상 못한다고 생각하고 있었다. 수영씨는 이러한 열등감의 원인이 이혼한 전 남편에게서 부정적인 소리를 많이 들었기 때문인 것 같다고 하였다. 전 남편은 결혼 생활 중에 "넌 왜 항상 그 모양이야, 집에서 맨날 뭐해, 왜 그것밖에 못해." 같은 소리를 많이 했다고 하였다.

그리고 좀 더 이야기를 나눠보니 수영씨가 초등학교 3학년 때 새로운 학교로 전학을 갔는데 반 친구들이 자신을 촌스럽다고 놀리는 소리를 들었다고 하였다. 새로운 학교에서 적응을 하기도 전에 친구들이 수군대며 놀리고 또 자신을 왕따시키는 모습에서 많은 절망감을 느꼈다고 하였다. 그때 수영씨는 속으로 '나도 친구들이랑 어울리고 싶은데…'라고 흐느꼈던 기억이 플래쉬백으로 남아 있다고 했는데, 그때의 경험도 트라우마로 남아 일부 원인으로 작용한 것 같았다.

물론 NLP에서 원인은 중요하지 않다. '어떻게'의 방법이 중요하다. 원인이 어떻든 마음의 프로그래밍을 다시 세팅하면 되는 것이다.

상담자 : 자, 눈을 감고 심호흡을 합니다. 숨을 크게 들이마시고 내쉬고… 들이마시고 내쉬고… 들이마시고 내쉬고… 온 몸의 힘을 쭉 뺍니다… 몸의 긴장을 풀어주시고 편안한 마음이 되어 저와 대화합니다… 이제 전 남편과의 결혼 생활 중으로 돌아갑니다… 남편과 함께 집에 있는 모습을 떠올립니다… 남편이 수영씨 앞에 있고… 남편이 수영씨에게 폭언을 하는 모습을 상상합니다… 남편은 "넌 왜 항상 그 모양이야? 집안 꼴이 이게 뭐야? 왜 제대로 할 줄 아는게 없어?"라고 말하고 있습니다. 남편이 폭언을 하는 모습을 구체적으로 떠올립니다. 남편의 화난 목소리와 성량, 표정을 세세하게 느껴보세요… 지금 느낌이 어떠신가요?

내담자 : 불안해요… 긴장되고… 맞을까봐 두려워요.

상담자 : 자 이제 그 장면에서 빠져나와, 천장으로 올라가 바라보세요… 천장 높이에서 남편이 화내는 모습과 그 앞에 있는 자신을 바라보세요… 그리고 이제는 더 높이 올라가서… 구름 높이까지 올라가 아래를 내려다보세요… 그 장면이 보이나요?

내담자 : 음 아주 조그맣게 보여요… 저와 남편이 희미하게 보여요.

상담자 : 그렇죠? 그럼 이제 하늘 더 높이 올라가서 우주 직전까지 쭉쭉 올라가서 아래를 내려다봅니다. 그 장면이 보이나

요?

내담자 : 아뇨 거의 안 보여요… 그냥 점같이 느껴져요.

상담자 : 좋아요. 그럼 이제 우주까지 올라가… 지구가 안 보일 때까지 우주 높이 올라갑니다. 집이 보이나요?

내담자 : 아뇨 안 보여요.

상담자 : 그렇죠. 지구가 안 보이는 곳까지 올라왔으니 아무것도 보이지 않지요. 여기는 우주 한 가운데입니다. 우주의 공기는 아주 맑고 깨끗하며 마시면 마실수록 기분이 상쾌해 집니다. 심호흡을 하면서 마셔 봅니다. 기분이 어떤가요?

내담자 : 상쾌하고… 기분 좋습니다.

상담자 : 현재 우주 공간은 온통 노란색(내담자가 좋아하는 색깔 사전 파악)으로 덮여 있습니다. 주변에는 수영씨가 좋아하는 꽃들도 피어 있구요. 우주의 밝고 건강한 기분을 맘껏 느껴보세요. 어떠신가요?

내담자 : 기분 좋아요.

상담자 : 자 이제 우주 상공에서… 아드님이 어릴 때로 돌아가, 아드님이 애기 때로 돌아가 아드님 목욕시키는 장면을 떠올려 봅니다…(여기서 내담자는 살짝 미소를 지어 보임). 목욕 시키는 장면을 구체적으로 떠올려 보세요… 아기가 참 예쁘죠? 아기한테 뽀뽀 한번 해보세요. 아기 피부의 부드러운 촉감도 느껴보고…

이제 손가락으로 아기 입술을 한번 만져 보세요. 어때요? 부드럽고 좋죠? 네 맞아요. 이번에는 아기를 꼭 안아 보세요… 아기의 향기를 맡으며… 꼭 안아보세요. 그리고 그 따뜻하고 부드러운 촉감을 느껴봅니다. 아기의 따뜻한 체온이 느껴지고 보드라운 살결이 느껴집니다… 느낌이 어떤가요?

내담자 : 아주 부드럽고 예쁘고… 행복해요(살며시 미소 지음).

상담자 : 자 이제 왼 손의 엄지와 검지 손가락을 서로 붙이면서… 아기를 안을 때의 행복한 감정을 마음껏 느껴봅니다… 손가락을 동그랗게 붙잡은 상태에서 아기를 안을 때의 그 따뜻하고 부드러운 살결을 다시 한번 느껴보세요.(앵커링 1 : 부드러운 따뜻한 아기의 느낌). 아기를 꼭 껴안을 때 촉촉하고 부드러운 그 느낌을 마음 가득 느껴보세요… 어때요, 좋지요?

내담자 : 네 좋아요.

(이제 상담자는 조금 전에 붙여두었던 내담자의 두 손가락을 분리하여 떼어놓는다. 그것은 조금 전에 설정했던 앵커링을 해제시키는 것이며 동시에 또 다른 앵커링을 설정하기 위해 준비하는 과정이다.)

상담자 : 자 그 다음에 우리 아가 목욕시키면서 비누칠을 합니다. 아가에게 비누칠을 하면서… 피부를 매끈하게 문지릅니다… 아기 피부를 만지는 느낌이 어떤가요?

내담자 : 아주 보드랍고… 말랑말랑해요.

상담자 : 기분 좋죠?

내담자 : 네.

상담자 : 아기의 피부를 문지르며 말랑말랑하고 보드라운 감촉이 그대로 수영씨께 전해져 옵니다. 아주 기분 좋습니다. 아기가 내 곁에 있어서 행복합니다… 자 행복한 그 느낌… 역시 손가락을 동그랗게 맞잡으면서 그 행복감을 가득 느껴봅니다.

(상담자는 떼어져있던 내담자의 두 손가락을 다시 붙여주며 행복감을 느끼게 하였다. 이것은 두 번째 앵커링을 설정하는 과정이다. 앵커링 2: 말랑말랑하고 기분 좋은 피부의 느낌)

자, 손가락을 이렇게 동그랗게 맞잡고, 말랑말랑한 우리 아가의 피부를 만지고 느낍니다… 아주 좋습니다.(앵커링 상태를 해제하기 위해 다시 손가락을 분리시켜 줌)

상담자 : 이번에는 목욕을 다 끝내고 아기랑 같이 이불 속에 들어가… 같이 눕습니다. 아기를 옆에 뉘이고 아기를 꼭 안아줍니다. 꼭 안아주세요… 아기를 꼭 안고… 온 몸을 피부로 접촉해서 느낍니다. 느낌이 어떤가요?

내담자 : 아주 포근하고 따뜻해요… 기분 좋습니다.

상담자 : 좋아요. 다시 손가락 동그랗게…

(상담자는 조금 전에 떼놓았던 내담자의 손가락을 세 번째로 다시 붙여준다. 앵커링 3: 포근하고 따뜻한 아기의 느낌)

상담자 : 포근하고… 따뜻하고… 부드럽고… 말랑말랑한 아기의 그 느낌… (내담자가 느낌에 몰두할 수 있도록 몇 초의 시간을 둠) 그 행복한 감정을 마음 가득 느껴봅니다… 됐습니다. (앞의 장면에서처럼 다시 사례자의 손가락을 떼어줌으로써 세 번째 앵커링 설정작업을 완료함)

상담자 : 자, 이제 손가락을 이렇게 쥐기만 해도 아기의 부드러운 느낌과 말랑말랑한 감촉이 느껴지며 행복한 감정이 올라올 거예요. 자 심호흡을 하고… 손가락을 아까처럼 동그랗게 맞잡아 보세요. 느낌이 어떤가요?

내담자 : 아기의 보드라운 감촉이 생각나며… 행복합니다.

상담자 : 좋지요?

내담자 : 네.

(이로써 앵커링이 잘 설정되었음을 확인하였음. 만족스런 결과를 얻었기에 다시 손가락을 떼어 앵커링 상태를 해제시켜 줌)

상담자 : 언제라도 두 손가락을 맞잡으면 지금처럼 그 행복한 기분이 살아날 것입니다. 우주에서 밝은 에너지를 마음껏 들이마시고… 아기의 사랑을 다시금 느껴봅니다… 자, 이제 하나, 둘, 셋을 세면 땅으로 내려가 집으로 들어갈 것입니다… 하나, 둘, 셋을 세는 순간, 남편이 있는 집에 도착할 거예요. 알겠지요? 그리고 집에 도착하는 순간에 바로 손가락 맞잡으세요!

자, 준비 됐나요? 그럼 세겠습니다. 하나… 둘… 셋! 바로 집에 도착했습니다. (이때 상담자는 내담자의 두 손가락을 맞잡게 해 주었다. 그렇게 함으로서 내담자에게 행복함과 편안한 마음을 느끼도록 할 수 있다). 남편의 모습이 보이나요?

내담자 : 네…

상담자 : 기분이 어떤가요?

내담자 : 조금 불안한 것 같아요.

(앵커링 설정 작업이 불완전하다고 판단되어 다시 위의 앵커링 설정과 해제 작업을 한번 더 반복함)

상담자 : 자 이제 기분이 어떤가요?

내담자 : 편안해요.

상담자 : 손가락을 다시 동그랗게 맞잡고… 남편의 화내는 모습이 어떻게 느껴지나요?

내담자 : 그냥 별로 불편하지는 않고… 담담하게 느껴져요.

상담자 : 남편의 모습을 봐도 무섭거나 긴장되지 않나요?

내담자 : 네. 괜찮아요.

상담자 : 맞아요. 남편이 폭언을 하고 화내는 모습이 사실은 아기를 안을 때의 그 느낌이랑 같지요. 남편의 모습이 아기를 안을 때의 그 느낌… 아기를 안을 때 느껴지는 그 감촉이 남편의 모습… 남편의 모습이 아기의 포근한 그 느낌인 거지요! 남

편의 화내는 모습이 사실은 아기의 포근함과 같이 따뜻한 거구나… 이렇게 편안하고 좋은 거로구나…

(상담자는 내담자에게 손가락 앵커링 상태를 유지하는 가운데, '아기의 느낌'과 '남편의 모습'이라는 두 단어를 빠르게 왔다 갔다 하면서 남편의 모습이 편안하고 좋다고 느껴지게끔 긍정적 암시를 반복해서 주었다.)

상담자 : 남편이 심한 말을 해도 이제 무섭게 느껴지지 않지요?

내담자 : 네… 그냥 편안하게 느껴져요.

상담자 : 네 맞습니다. 수영씨는 스스로 마음이 강하고 당찬 존재이기에 누가 옆에서 뭐라고 해도 이제 아무렇지 않게 받아들일 수 있습니다.

상담자 : 자, 이제 다시 하늘 위로 높이 올라가 봅니다. 더 높이 날아오릅니다. 우리나라가 한 눈에 들어올 만큼 날아오르세요… 이제 우주까지 날아가고… 지구가 작아지고… 눈 앞에서 사라질 때까지 높이 날아오르세요…

내담자 : 네.

상담자 : 지금 수영씨가 서 있는 공간은 현재의 우주 상공입니다. 그럼 느낌 대로 당신의 과거에서 현재를 지나, 미래로 가는 선을 왼쪽에서 오른쪽으로 길게 그려보세요.(수영씨의 시간선을 미리 파악해본 결과 왼쪽에서 오른쪽으로 길게 그어졌음) 왼쪽이 과거

이고 오른쪽이 미래인 수영씨의 시간선을 쭈욱 그려봅니다…
그리셨나요?

내담자 : 네.

상담자 : 좋습니다. 지금 그린 선이 당신의 시간선입니다. 이
제 왼쪽, 즉 과거 방향으로 계속 날아갑니다. 선 위를 따라 계속
날아가세요. 계속 날아가다 보면, 과거의 선 어딘가에서 초등학
교 3학년때 새로운 학교로 전학갔을 때가 보일 겁니다. 새로운
학교의 친구들이 수영씨를 놀리며 수군댔던 그 부분까지 날아
가 봅니다…. 그 지점의 선이 어떻게 보이지요?

내담자 : 선이 좀 울퉁불퉁해 보여요.

상담자 : 좋아요. 이제 그 선 위에 올라가 보세요. 지금 기분이
어떤 가요?

내담자 : 불쾌하고… 별로 안 좋아요.

상담자 : 이제 그 시간선 위에서… 불쾌함이 사라질 때까지
더 높이 날아오릅니다. 100배 더 높이… 우주 높이 날아오릅니
다…. 그 부분이 보이나요?

내담자 : 아뇨, 안 보여요.

상담자 : 네 그 시간선에서 훨씬 더 높이 올라왔으니 당연히
보이지 않지요. 지금 이 상태에서, 친구들로부터 놀림과 비아냥
당한 경험에서 무슨 교훈을 얻을 수 있는지 잘 생각해봅시다.

비록 친구들한테서 놀림과 왕따를 당했지만, 이 사건으로 어떤 교훈을 얻을 수 있을까요? 떠오르는 대로… 무의식이 가는 대로… 불현듯 떠오르는 교훈이 있는지 말해봅니다.

내담자 : … 음, 그냥 있지 말고 친구들에게 "놀리지 마, 얘들아. 전학 와서 어색한데 같이 친하게 지내자."라고 당당하게 말했어야 해요.

상담자 : 맞습니다. 본인이 원하는 게 있으면 욕구를 충분히 표현하셔야 합니다. 원하는 바를 당당히 말해야 합니다. 자, 이 교훈을 가지고 더 과거로 날아갑니다. 더 어렸을 때로 날아가 행복했던 순간이 있었던 때로 날아갑니다…. 그곳은 행복했던 순간의 우주 상공이에요. 그렇지요? 지금 몇 살 때인가요?

내담자 : 7살이요.

상담자 : 지금 수영씨 집에서는 무슨 일이 일어나고 있나요?

내담자 : 엄마가 저랑 동생에게 크리스마스 선물을 줬어요. 아주 기뻐요.

상담자 : 아 선물을 받으셨군요. 축하합니다. 엄지와 검지를 동그랗게 맞잡은 상태에서 그 기쁜 감정을 마음껏 느껴봅니다…. 선물 포장을 뜯으며 아주 행복합니다. 선물을 받고… 그 행복했던 기분을 마음껏 느껴봅니다…. 아주 기분이 좋습니다…. 자 이제 손가락을 떼세요.

내담자 : 네.

상담자 : 지금 이 위치에서 친구들이 놀렸던 사건을 바라보세요. 보이나요?

내담자 : 아뇨 안 보여요. (만약 보인다면 더 높이, 더 과거로 날아간다.)

상담자 : 그렇지요. 그 사건이 일어나기 한참 전이니까 당연히 보이지 않겠지요. 하지만 수영씨는 '하고 싶은 말은 참지 않고 친구들에게 당당하게 말해야 한다.'는 교훈을 가지고 있습니다. 그 교훈을 가지고, 이제 제가 셋을 세면 다시 친구들이 놀리며 수군댔던 그 장면 속으로 들어갈 것입니다. 하나부터 셋을 세면 그 사건 속으로 다시 들어갈 것입니다. 손가락을 동그랗게 맞잡은 상태에서… 하나… 둘… 셋! 새로운 학교의 교실로 다시 돌아왔습니다… 지금 기분이 어떤가요?

내담자 : 그냥 무덤덤한데요. 그때 일을 생각하면 불쾌하고 억울한 느낌이었는데… 지금은 괜찮아요.

상담자 : 좋습니다. 그럼 이제 상담이 끝나고 미래로 가겠습니다. 시간선을 따라 5년 후 미래로 가봅니다. 어떤 장면이 보이시나요… 자신의 모습을 떠올려보시겠습니까?

내담자 : 열심히 일을 하고 있어요.

상담자 : 아 열심히 일을 하고 있군요. 일하는 기분이 어떤가요?

내담자 : 즐거워요. 흥얼거리면서 일하고 있어요.

상담자 : 사람들하고 관계는 어떤가요? 사람들하고 얘기하고 있는 모습을 떠올려 보시겠습니까?

내담자 : 좋아 보여요… 제 욕구를 표현할 줄 알고… 웃으면서 이야기 하고 있어요.

상담자 : 네, 그렇군요. 당당하게 일하며 사람들하고 즐겁게 얘기하는 수영씨의 행복한 모습이 그려집니다. 수영씨는 귀한 존재이고… 축복받은 존재입니다…. 그렇게 자신감을 가지고 행복하게 살면 되는 것입니다. 수영씨는 이제 누구보다 당당해졌습니다. 지금처럼 자신감을 가지시고 행복한 마음 간직하며 사시기 바랍니다. 그러실 수 있습니다. 수영씨의 밝은 앞날을 기원합니다. 자, 이제 눈 뜨세요.

발표 트라우마는 발표와 관련된 부정적 경험의 분리와 긍정적 정서에의 연합을 통해 해소될 수 있다. 공중분리기법과 시간선 치료를 통해 발표공포증을 극복하고 자신감을 가득 채우도록 하자.

스위시 :
자신감 있게 발표하는 자신의 모습을
그대로 실현하기

스위시는 발표와 관련한 불쾌한 감정, 잊고 싶은 기억을 없애고, 자신감 있는 모습을 실현시키는 효과적인 기법이다.

여기서 스위시는 "휙!" "쉿!"하는 소리를 표현한 의성어다. 스위시는 쉽게 말해, 발표공포과 공포에 대한 내적 감각과 이미지를, "휙!" "쉿!"하는 소리와 함께 순식간에 긍정적인 이미지로 바꾸는 작업이다. 이미지가 바뀌면 그에 따른 감정과 행동도 긍정적으로 바뀌게 된다.

스위시를 통해 발표 관련 불안, 두려움, 긴장, 떨림 등의 부정적 감정에 대한 이미지를 내가 원하는 이미지, 자신감 넘치는 이미지로 교체함으로써 발표공포증을 없애고 긍정적 정서를 확립할 수 있다.

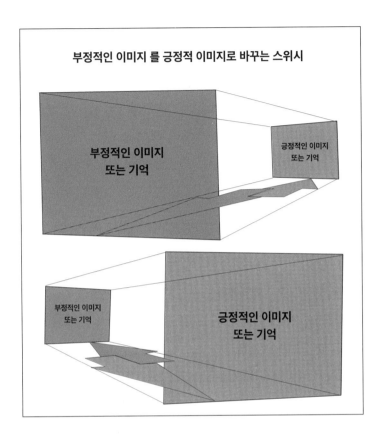

부정적인 이미지 를 긍정적 이미지로 바꾸는 스위시

부정적인 이미지
또는 기억

긍정적인 이미지
또는 기억

부정적인 이미지
또는 기억

긍정적인 이미지
또는 기억

　스위시에는 시각(이미지)을 이용하여 교체하는 시각 스위시(Visual Swish)와 청각(음성)을 이용하여 교체하는 청각 스위시(Auditory Swish)가 있다.

　시각 스위시는 불쾌한 장면의 그림(시각 이미지)은 내 눈 가까이에 두고, 내가 원하는 상태가 담긴 그림은 멀리 두어서, "휙!"

하는 소리와 함께 이 두 개의 그림을 한순간에 서로 바꾸는 방법이다.

청각 스위시는 내면에서 자신감을 꺾는 목소리나 의기소침하게 만드는 소리가 들려올 때 스피커의 전원 스위치를 꺼 그 목소리나 소리를 지움과 동시에, 자신감을 심어 주는 목소리나 바람직한 소리는 울려 퍼지듯이 들려온다고 상상하는 것이다.

그럼 이제 스위시의 방법에 대해서 알아보도록 하자.

일반적인 시각 스위시의 스크립트는 다음과 같다.

눈을 감고 심호흡을 하며, 몸과 마음의 긴장을 풉니다. 호흡에만 집중하며 숨을 들이마시고… 내쉽니다… 숨을 깊이 들이마시며… 내쉽니다. (심호흡 4~5회 실시)

발표 트라우마를 일으켰던 사건 또는 발표와 관련한 불쾌한 경험이나 잊고 싶은 기억을 떠올립니다. 이것을 '문제 상황'이라고 이름 붙이겠습니다. 문제 상황을 오감을 활용하여 생생하게 다시 경험해봅니다. 당신은 어떤 모습인가요? 당신은 어떻게 말하고 있나요? 사람들의 표정은 어떤가요? 무슨 소리들이 들리나요? 그때의 불쾌한 감정을 생생히 느껴봅니다… 그리고 그 장면을 아주 큰 컬러 사진으로 만들어 자신의 눈앞에 확실하게 놓아둡니다. 문제 상황의 장면이 커다란 컬러 사진으로 만들어져서 내 눈앞에 있습니다. 그리고는 문제 상황이 담긴 사진을 왼쪽 눈앞으로 살짝 옮겨놓습니다.

심호흡을 3~4차례 합니다…. 이번에는 발표할 때 내가 원하는 모습을 구체적으로 떠올립니다. 사람들 앞에서 말을 할 때 떨지 않는 모습, 여유 있는 모습, 당당한 모습, 웃고 있는 모습, 자신감 있는 모습을 상상합니다. 사람들도 미소지으며 당신을 바라보고 있습니다…. 이것을 '이상적인 상황'이라고 하겠습니다. 이상적인 상황을 오감을 동원하여 충분히 경험해 봅니다…. 편안하고 여유 있게… 자신감을 가지고 발표하는 자신의 모습을 생생히 떠올립니다. 그러면서 그때의 기분 좋은 감정을 생생하게 느껴봅니다…. 이러한 이상적인 상황이 담긴 이미지를 아주 작은 흑백 사진으로 만들어 봅니다. 아주 작은 흑백사진으로 만들어서, 살짝 오른쪽 눈앞으로 옮긴 다음, 저 멀리에 놓아둡니다….

내 왼쪽 눈앞에는 문제 상황이 담긴 사진이 커다랗게 컬러로 확대되어 있고, 오른쪽 눈앞 저 멀리에는 이상적인 상황이 담긴 흑백 사진이 조그맣게 놓여 있습니다. 이제 하나, 둘, 셋을 세고 바로 "획!"하는 소리를 내면, 두 개의 사진이 순간적으로 바뀔 것입니다. 즉 "휙!" 하는 신호음이 들리는 순간, 아주 빠른 속도로 문제 상황의 사진이 흑백으로 바뀌어 멀리 날아가서 작은 까만 점이 되고, 반대로 이상적인 상황의 이미지는 컬러 사진으로 바뀌어 내 눈앞에 크게 나타난다고 상상하는 것입니다. "휙!" 하는 소리와 함께 아주 빠른 속도로 두 개의 사진을 서로 교체해야 합니다.

준비됐지요? 자, 하나… 둘… 셋! 휙! 순식간에 문제 상황이 담긴 사진은 저 멀리로 날아가 까만 점이 되었고, 이상적인 상황이 담긴 사진은 아주 크게 컬러로 확대되어 내 눈앞에 있습니다….

이젠 이상적인 상황이 담긴 사진 속으로 걸어 들어갑니다. 사진 속으로 들어가 내가 당당하게 발표하는 모습, 자신감 있게 발표하는 모습을 생생하게 느껴봅니다. 사진 속의 내가 실제의 내 모습입니다. … (위의 전 과정을 1~2번 더 반복합니다. 한번 하는 것으로는 효과가 부족할 수 있기 때문입니다.)

자신감 넘치는 모습과 기분 좋은 감정을 그대로 유지한 채, 1년 후로 갑니다. 1년 후에 똑같이 발표하는 장면을 상상해봅니다. 당신은 어떤 모습인가요? 사람들의 표정은 어떤가요? (충분히 장면들을 느꼈다가) 네, 아주 당당하고 편안하게 말을 하고 있지요? 사람들도 좋아하고 있고요. 맞습니다. 사람들 앞에서 말하기는 원래 자연스럽고 재밌는 것입니다. 발표를 잘하는 내 모습이 아주 행복해 보입니다.

변화의 강도가 약하다면 다시 위의 과정을 1~2차례 좀 더 빠르게 반복한다. 그럼 변화된 자신의 모습을 확인할 수 있을 것이다.

스위시에서 중요한 것은 '몰입'의 강도와 스위시(획!)할 때의 '속도'다. 깊이 몰입을 해서 상상하고, "획!" 하는 순간 아주 빠르게 그림을 교체하면, 분명히 변화된 자신의 모습을 확인할 수 있다.

다음은 시각 스위시를 활용한 상담 예이다. 실제 임상에서 이루어지는 상담 예를 참조하여, 자신의 기호와 상황에 맞게 스크립트를 변형하여 사용하면 좋을 것이다.

수영이는 앞에 나가 발표할 때마다 덜덜 떨린다고 했다. 발표할 때 혹시라도 실수하면 친구들이 웃을까봐 걱정하고 있었다. 그래서 말을 유창하게 잘하는 사람을 한 명 떠올리라고 했더니 방송인 김○○의 이름을 댔다. 긴장될 때마다 김○○이면 그 상황에서 어떻게 행동할까를 항상 생각하라고 하였다. 떨릴 때마다 '김○○은 이럴 때 이렇게 말하겠지'라고 생각하며 발표를 하면 괜찮을 거라고 말하였다.

그런 다음, 발표하기 직전 떨고 있는 수영이의 모습을 떠올리고 그 이미지를 크게 컬러로 만들어 눈앞에 두도록 하였다. 그런 다음 수영이가 김○○처럼 당당하고 여유 있게 발표하는 모습을 생생하게 그리고 그 이미지를 흑백으로 조그맣게 만들어 멀리 두도록 하였다.

이제 내가 하나, 둘, 셋! 하고 손뼉 치면 그 둘의 이미지가 서로 바뀌어 떠는 모습의 사진은 흑백으로 조그맣게 되어 멀어지고 당당한 모습의 사진은 크게 컬러로 확대되어 수영이 눈 앞에 나타날 것이라고 말하였다. 손뼉 치는 순간 아주 빠르게 당당한 모습의 사진이 컬러로 확대되었고, 친구들 앞에서 하나도 떨지 않고 자신감에 넘쳐 발표하는 수영이의 모습을 그 컬러 사진 속으로 들어가 생생히 느껴보라고 말하였다(3회 반복).

이번에는 청각 스위시다. 청각 스위시는 마음속에서 또는 내면에서 부정적인 목소리들이 느껴질 때 쓰는 방법이다.

그동안 칭찬보다는 비난을 많이 들어온 경우, 발표를 못한다는 소리를 들어온 경우에는 그러한 목소리들이 내면에 잔상으로 남아, 귓가에 들려오는 것처럼 느껴지는 이들이 있다. '넌 못해', '넌 왜 그것밖에 못하니', '넌 왜 항상 그 모양이야', 비웃음 등의 부정적 목소리들을 대수롭지 않게 여기고 흘려보내면 아무 문제가 없다. 그런데 이러한 소리에 신경을 쓰거나 마음에 담아두면 일종의 상념체로 만들어져서 마음에 남게 된다. 마음에 남은 부정적 목소리들은 발표와 관련된 상황이 되면 긴장하게 하고 불안하게 만든다.

청각 스위시는 이처럼 내면에서 자신감을 꺾는 목소리나 부정적인 소리가 느껴질 때 스피커의 전원 스위치를 꺼 그 목소리나 소리를 지움과 동시에, 자신감을 심어 주는 목소리나 바람직한 소리는 울려 퍼지듯이 들려온다고 상상하는 방법이다.

청각 스위시의 스크립트는 다음과 같다.

눈을 감고 편안하게 누워서 온몸의 힘을 쭉 뺍니다…. 몸과 마음의 긴장을 풀어 줍니다…. 심호흡을 합니다. 호흡에만 집중하며 숨을 들이마시고… 내쉽니다…. 숨을 깊이 들이마시며… 내쉽니다. (심호흡 4~5회 실시)

자, 이제 마음의 눈으로… 내면을 들여다봅니다. 부정적 목소리들이 어디에서 들려오는지 몸 구석구석을 살펴봅니다…. 몸 어디에서 들리나요? 어떤 소리들이 들리나요? 누구의 목소리로 들리나요? 목소리의 톤과 성량은 어떤가요?

그 목소리들을 몸 밖으로 꺼냅니다. 목소리들이 몸 밖으로 나온다고 상상합니다. 그런 다음 목소리들을 저 멀리에 떨어뜨려 놓습니다…. 목소리들이 작아졌습니다….

이제 목소리들이 점점 내 앞으로 가까이 다가옵니다. 가까이 다가오면서 목소리들의 성량도 커집니다. 부정적 목소리들이 내 앞에서 크게 들립니다. (불안한 마음이 느껴질 것이다.)

다시 목소리들을 멀리에 보내버립니다. 성량도 같이 작아집니다. 다시 한번 목소리들의 성량이 커지면서 내 앞에 왔다가… 다시 멀어지며 성량도 작아집니다.

이제 그 목소리들이 내가 아는 거짓말쟁이의 목소리로 바뀌어 들립니다. (예를 들어, '넌 이 번에도 못 할 거야.'라는 목소리가 거짓말쟁이가 하는 목소리의 톤과 음색으로 바뀌어 들리게 합니다.) 부정적인 목소리들이 거짓말쟁이가 하는 목소리로 바뀌어 저 멀리서 우스꽝스럽게 들립니다. 거짓말쟁이가 하는 소리이니 '넌 이번에도 못할 거야.'라는 말도 거짓말로 들립니다…. 거짓말쟁이의 말이 내 앞으로 다가오며 소리도 점점 크게 들립니다. 그리고는 다시 멀어지며 크기도 작아집니다…. 거짓말쟁이의 말이 다시 내 앞으로 다가와 크게 들렸다가… 다시 멀어지며 작아집니다.

이번에는 거짓말쟁이의 목소리가 내가 사랑하는 사람의 목소리로 바뀌어, '넌 잘할 수 있어.' '최고야.' '넌 아주 행복해.' '넌 자신감이 넘쳐.' '넌 아주 당당해.' 라고 말해 줍니다. 사랑하는 사람의 목소리가 내 앞으로 다가오며 점점 크게 들립니다. 이제는 바로 내 앞에서 크게 들립니다…. 그리고는 다시 멀어지면서 작아집니다…. 사랑하는 사람의 목소리가 다시 내 앞으로 다가오며… 점점 크게 들립니다. 그리고 바로 내 앞에서 웃는 목소리로 '넌 잘할 수 있어. 넌 최고야. 넌 축복받은 존재야. 넌 자신감이 넘쳐. 넌 아주 당당해.' 라고 들려옵니다.

이제는 그 목소리들을 내 몸 안으로 넣습니다. 사랑하는 사람의 목소리들이 내 몸 안으로 들어온다고 상상합니다. 이제는 내면에서 사랑하는 사람의 자신감을 심어 주는 목소리가 가득 울려 퍼집니다.

스위시를 한 후, 앞서 배운 시간선 치료와 결합하여 자신감과 긍정적 에너지를 더욱 증폭시킬 수 있다. 즉 스위시를 한 후 바로 시간선을 떠올려서 과거 자신감이 넘쳤던 순간으로 돌아간다. 그리고 그때의 경험을 충분히 느낀 후 긍정적 정서를 유지한 채 다시 현재로 돌아온다. 그러면 자신감이 배가되어, 발표하는 상황을 떠올려도 긴장되거나 불안한 생각이 들지 않는다.

다음은 청각 스위시를 활용한 상담 예이다.

중학교 2학년인 철수는 열등감이 심했다. 매사에 자신은 잘 할 수 없다고 여기고 잘 하지 못한다고 생각했다. 철수 내면에서 그러한 목소리가 들린다고 하여 철수에게 "나는 잘 하지 못한다."는 소리의 볼륨을 높이게 하고 점점 가까이 다가오게 하였다. 그 소리는 철수 뒤쪽에 있었고 철수 귀에 다가오게 하자 불안해 하였다. 그 소리를 멀리 보내버려 작아지라고 하자 다시 안정을 되찾았다.

다음으로 "나는 잘 하지 못해." 라는 목소리가 거짓말쟁이의 목소리 톤과 음색으로 바뀌어 멀리서 들린다고 말하였다. 거짓말쟁이의 목소리로 들리며 점점 철수 귀에 다가오게 하였다. 그리고는 다시 그 목소리가 귀에서 점점 멀어지게 들리도록 하였다. 이런 식으로 3번 빠르게 반복하자 철수는 자신의 내면의 소리를 통제할 있게 되었다.

그리고 시간선 기법을 이용하여 과거 상을 받았던 기억을 떠올리게 한 후 철수가 좋아하는 엄마의 목소리가 귀에서 생생히 들리게 하였다. "철수야, 넌 정말 훌륭하구나. 넌 뭐든지 잘해."

라는 엄마의 말이 귀에서 들린다고 하자 얼굴에 미소가 번졌다. 과거의 자신감 넘쳤던 기억과 엄마의 목소리를 앵커링시킨 후 현재까지 자신감 충만함을 유지한 채 살아오는 철수의 모습을 상상하게 하였다. 눈을 뜬 철수에게서 더 이상의 열등감이나 패배감은 찾아볼 수 없었다.

성공적으로 마무리되면, 발표 상황을 떠올리거나 발표하는 상황이 되어서도 순간적으로 여유 있고 자신감 넘치게 발표하는 장면이 떠오르거나, 사랑하는 사람의 목소리가 들려온다. 그러면서 당당한 자세로 발표에 임할 수 있게 된다.

아무리 자신감 있게 발표에 임하려고 해도 스스로의 강한 의지만으로는 그렇게 하기가 매우 힘들다. 그것은 잠재의식에 발표 관련 트라우마가 계속 남아 있어, 발표 상황만 되면 튀어 올라와 자신을 힘들게 하기 때문이다.

스위시는 잠재의식, 즉 마음에 자신의 이미지에 대한 새로운 프로그램을 입력시킴으로써 성공적으로 발표 자신감을 회복할 수 있다. 잠재의식에 한번 각인된 이미지나 소리는 노력하지 않아도 자신의 의식과 행동을 자연스럽게 변화시킨다.

따라서 필자는 그 어떤 자신감 향상 프로그램보다도, 근본적인 마음의 변화를 일으키는 스위시 기법이 발표 자신감 회복에 훨씬 효과적이라고 생각한다.

스위시를 통해 내가 원하는 모습 및 정서를 얻고, 바람직한 습관을 확립해보자.

하위감각 양식의 변화 :
부정적 신념이나 암시를 변화시켜
긍정적 신념으로 확립하기

우리는 일상 속에서의 모든 생각과 경험을 오감五感의 조합으로 표현해낸다. 즉 과거의 경험을 떠올릴 때 그때의 일들을 시각적 이미지, 청각적 이미지, 후각적 이미지, 촉각적 이미지 그리고 미각적 이미지들을 통해 구체화하는 것이다.

생각도 마찬가지다. 어떤 생각을 하면 그 생각과 관련된 이미지가 있고 이것을 오감을 통해 나타낼 수 있다. 즉 오감을 이용해 생각이나 과거에 경험했던 일들에 대한 이미지, 색깔, 소리, 냄새, 촉감 등을 마음속에 떠올린다.

이처럼 우리는 오감을 통해 마음속에서 세상을 표상화한다. 오감에는 시각, 청각, 미각, 촉각, 후각이 있다. NLP에서는 시각(Visual, V), 청각(Auditory, A), 체감각(Kinesthetic, K) 이렇게 3가지로 나누고 이를 감각 양식이라고 부른다.

NLP에서는 미각과 후각, 촉각이 상대적으로 덜 사용되는 감각이므로 이들을 체감각(K)으로 통합시킨다.

특이한 점은 느낌이나 감정도 체감각에 포함된다는 것이다. 예를 들어, 차가운 느낌, 냉담한 느낌, 따뜻한 느낌, 재밌는 느낌, 신나는 감정, 우울한 감정, 불안한 감정, 기분이 좋다/나쁘다 등은 모두 체감각에 속한다.

이렇게 우리는 감각 양식들의 조합을 통해 생각과 경험을 내면에 구체화하고 표상화 한다. 즉 여러 기억과 경험들을 감각 양식들을 이용해 마음속에 떠올릴 수가 있는 것이다. 그리고 시각(V), 청각(A), 체감각(K)의 3가지 감각 양식을 구성하고 있는 각각의 세부 요소들을 하위감각 양식이라고 부른다. 시각의 하위감각 양식에는 모양, 크기, 색깔 등이 있고, 청각의 하위감각 양식에는 소리 크기(성량), 높낮이, 빠르기, 톤 등이 있으며, 체감각의 하위감각 양식에는 촉감, 온도, 몸의 감각, 느낌, 감정 등이 있다.

여기서 중요한 것은 외부의 정보들을 각자의 내면에 표상화할 때 모두 다른 방식으로 표상화 한다는 것이다. 예를 들어, 똑같은 '강아지'를 떠올리더라도 누구는 시각적 이미지를 더 많이 활용해 내면에 그려내지만, 누구는 멍멍 짖는 청각적 이미지를 더 많이 떠올릴 수 있다. 같은 시각적 이미지라도 개에 대한 좋은 추억이 있는 사람은 다정하고 반가워하는 이미지를 떠올리는 반면, 개에 물려본 경험이 있는 사람은 섬뜩하고 무서운 이미지를 떠올릴 것이다.

감각 양식과 하위감각 양식

표상화	감각 양식		하위감각 양식
경험했던 내용, 생각을 마음속으로 그려내는 것	표상화 하는 데 사용된 감각들		시각, 청각, 체감각을 구성하고 있는 세부적인 요소들
	종류	시각(V) 종류	모양, 크기, 색깔, 위치 등
		청각(A) 종류	소리크기, 높낮이, 빠르기, 톤 등
		체감각(K) 종류	촉감, 부드러움, 온도, 몸의 감각, 느낌, 감정이 몸의 어느 부분에서 느껴지는가 등

　발표 상황과 관련된 이미지도 마찬가지다. 발표를 좋아하는 사람들은 발표 상황을 떠올리라고 하면 자신감 있게 발표하는 모습을 내면에 떠올릴 것이다.

　하지만 무대공포증이 있는 사람은 긴장, 떨림, 불안, 자신감을 꺾는 목소리들이 머릿속에 떠올리게 된다.

　여기서 표상화 하는 방식에 따라 감정도 달라진다는 것을 알 수 있다. 똑같이 발표와 관련된 상황을 떠올리더라도 누구는 긍정적인 이미지가 생각 나는 반면, 누구는 안 좋은 이미지들을 떠올리는 것처럼, 경험을 어떤 하위감각 양식으로 떠올리느냐에 따라 다른 감정을 느끼게 된다.

이처럼 감정과 하위감각 양식은 밀접한 관련이 있다. 예를 들어, '발표'를 표상화 할 때, 자신감이 있으면 주로 밝은 색깔이나 웃는 모습, 밝은 목소리 등이 떠오를 것이고, 공포증이 있으면 주로 어두운 색깔이나 칙칙한 표정, 긴장된 목소리 등이 떠오를 것이다. 즉 '밝음'은 '긍정적 감정'과 연관 되어 있는 경우가 많고, '어두움'은 '부정적 감정'과 연관되는 경우가 많다.

이것은 하위감각 양식을 바꿈으로써 감정을 바꿀 수 있다는 것을 의미한다. 즉 어둡게 느껴지는 이미지들을 밝은 이미지로 대체한다면 감정도 그에 따라서 밝아질 수 있는 것이다.

예를 들어, 거미를 무서워하는 사람의 내면에는 거미 이미지가 시각적, 체감각적으로 흉측하게 표상화 되어 있을 것이다. 이런 문제를 해결하기 위해서는 거미를 생각할 때 떠오르는 하위감각 양식들을 자신이 좋아하는 하위감각 양식들로 싹 바꾸면 된다. 즉 상상을 통해 거미의 색깔을 자신이 좋아하는 색깔로 바꾸거나 크기를 축소시켜 귀여운 이미지로 만들거나, 촉감을 자신이 좋아하는 느낌 등으로 이미지들을 모두 변화시키면 거미에 대한 두려운 감정이 사라지게 되는 것이다.

어렸을 때 신문이나 잡지에 있는 얼굴 사진에 코털을 그려 넣고 썩은 이처럼 치아를 까맣게 칠해본 경험이 있을 것이다.

또 얼굴에 주름을 그리고 머리는 폭탄을 맞은 것처럼 마구 그려 엄숙한 표정을 짓고 있던 얼굴이 우스꽝스럽게 변하는 모습을 보았을 것이다. 이것이 바로 얼굴에 대한 하위감각 양식을 변화시켜 감정을 변화시키는 좋은 예다.

발표공포증이 있는 경우에도 하위감각 양식들을 변화시킴으로써 발표 상황이 편안하고 긍정적으로 느껴지게 할 수 있다. 즉 발표 상황을 떠올릴 때 느껴지는 색깔, 모양, 크기, 소리, 촉감 등의 이미지들을 내가 좋아하는 이미지들로 변화시키면, 발표가 더이상 두렵지 않게 느껴지고 당당하게 발표할 수 있게 된다. 하위감각 양식을 변화시키면 감정이 변화되고, 변화된 감정은 행동을 변화시키는 것이다.

그럼 이제 '나는 발표를 잘 못할 것이다.'라는 부정적 신념을 '나는 발표를 잘한다.'는 긍정적 신념으로 변화시키는 방법에 대해 알아보겠다.

먼저 절대불변의 진리 하나를 생각해보자. 예를 들어, '내일 아침에 해가 떠오를 것이다.'라는 명제는 절대 변하지 않는 진리다. 이것을 내가 믿는 '확실한 신념'이라고 하겠다.

그런 다음 이번에는 고민되는 마음 또는 불확실한 상황 하나를 생각해보자. 예를 들어, '이따가 점심때 짜장면을 먹을까, 짬

뽕을 먹을까?', '저녁 모임에 갈까, 말까?', '내 물건 치운 사람
이 엄마일까, 아빠일까?', '이번 공모전에 붙을까, 떨어질까?'
등은 고민하는 마음 또는 불확실한 상황이다. 이것을 '불확실
한 신념'이라고 하겠다.

눈을 감고 몸과 마음을 안정시킨 다음, 확실한 신념을 떠올렸
을 때 느껴지는 하위감각 양식들을 다음 표에 기재한다. 그리고
불확실한 신념을 떠올렸을 때의 하위감각 양식도 다음 표에 기
재한다.

감각 양식	하위감각 양식	확실한 신념을 떠올릴 때	불확실한 신념을 떠올릴 때
시각(V)	모양		
	크기		
	색깔		
청각(A)	소리크기		
	높낮이		
	빠르기		
	톤		
체감각(K)	느낌		
	촉감(질감)		
	온도		

예를 들어, '내일 아침에 해가 떠오를 것이다.'라는 확실한 신념을 생각할 땐 뭔가 붉은빛과 하얀빛의 색상, 둥그렇고 커다란 모양, 우렁찬 소리, 따뜻하고 부드러운 느낌 등이 떠오를 수 있다.

그리고 '점심땐 뭘 먹을까?'라는 불확실한 신념을 생각할 땐 회색빛 또는 어두운 색상, 낮은 톤의 허스키한 목소리, 가슴 저리는 느낌, 미지근한 온도 등이 떠오를 수 있다.

이러한 시각적, 청각적, 체감각적 이미지들을 구체적으로 표에 기재한다.

그러면 이제는 발표에 관해 내가 가지고 있는 부정적 신념과 반대로 내가 갖기를 원하는 긍정적 신념을 정한다.

부정적 신념이란 '난 발표를 잘할 수 없어.', '난 발표를 하지 못해.', '난 분명히 벌벌 떨 거야.' 같은 부정적이고 제한된 신념이다.

긍정적 신념은 '난 발표를 잘할 수 있어.' '난 발표를 잘해.' '난 자신감 넘치고 당당하게 발표할 수 있어.'와 같은 내가 갖기를 바라는 신념이다.

앞에서와 마찬가지로 부정적 신념을 떠올렸을 때 느껴지는 하위감각 양식들과 긍정적 신념을 떠올렸을 때의 하위감각 양식들을 다음 표에 기재한다.

감각 양식	하위감각 양식	부정적 신념을 떠올릴 때	긍정적 신념을 떠올릴 때
시각(V)	모양		
	크기		
	색깔		
청각(A)	소리크기		
	높낮이		
	빠르기		
	톤		
체감각(K)	느낌		
	촉감(질감)		
	온도		

　여기까지 완성되었으면 이제 부정적 신념을 긍정적 신념으로 변화시킬 차례다. 그러기 위해서는 부정적 신념의 하위감각 양식을 불확실한 신념의 그것으로 대체시키고, 긍정적 신념의 하위감각 양식은 확실한 신념의 그것으로 대체시키면 된다.

　그 방법은 다음과 같다.

　눈을 감고, 온몸의 힘을 쭉 뺍니다…. 심호흡을 몇 차례 합니다. 숨을 들이마시고… 내쉬고… 깊이 들이마시고… 내쉬고…

다시 또 크게 들이마시고… 내쉽니다. 몸과 마음이 편안해집니다. 아주 편안합니다.

자, 이제는 내가 가지고 있는 불확실한 신념 하나를 떠올립니다. '이따 저녁때 김치찌개를 먹을까, 비빔밥을 먹을까?'와 같은 고민되는 마음을 떠올렸을 때 느껴지는 (시각적, 청각적, 체감각적) 이미지들은 어떤 것들입니까? 이러한 이미지들을 잘 기억해 놓습니다….

그러면 이제는 발표에 대한 부정적 신념을 떠올려 봅니다. '난 발표를 잘할 수 없어.' '난 발표할 때 벌벌 떨 거야.'와 같은 부정적, 제한적 신념을 조그맣게 말해 봅니다… 이러한 신념을 말할 때 느껴지는 (시각적, 청각적, 체감각적) 이미지들은 어떤 것들입니까? 이 이미지들을 선명하게 느껴봅니다….

이러한 부정적 신념을 떠올릴 때의 이미지들을 이제 저 멀리 보내버립니다. 이미지들이 저 멀리 가버렸습니다. 그리고는 아주 빠르게 불확실한 신념의 하위감각 양식 위치로 옮겨놓습니다. 부정적 신념의 이미지들이 불확실한 신념의 이미지로 덮어졌습니다. 불확실한 신념의 이미지가 바로 부정적 신념의 이미지입니다. 부정적 신념의 이미지가 불확실한 신념의 이미지, 불확실한 신념의 이미지가 바로 부정적 신념의 이미지인 것입니다.

(위의 과정을 2번 더 시행합니다.)

맞습니다. 내가 발표를 잘못할 거라는 부정적인 신념은 사실 불확실한 신념처럼 고민되는 마음인 것입니다. 내가 굳게 믿었던 발표를 잘못할 것이란 신념은, 사실은 고민스럽고 혼란스러운 마음인 것입니다.

자, 이번에는 내가 가지고 있는 확실한 신념 하나를 떠올립니다. '내일 아침엔 해가 떠오를 거야.' 같은 확실한 신념을 떠올렸을 때 느껴지는 (시각적, 청각적, 체감각적) 이미지들은 어떤 것들입니까? 이러한 이미지들을 잘 기억해 놓습니다….

그리고 이제는 내가 갖기를 원하는 긍정적 신념을 하나 떠올립니다. '나는 발표를 당당하게 잘할 수 있어.'와 같은 긍정적 신념을 조그맣게 몇 번 말해 봅니다. 이 신념을 말했을 때 느껴지는 (시각적, 청각적, 체감각적) 이미지들은 어떤 것들입니까? 이 이미지들을 선명하게 느껴봅니다.

이러한 긍정적 신념을 떠올릴 때의 이미지들이 가까이 다가와 아주 크게 보이고, 크게 들리며, 크게 느껴집니다. 그리고는 아주 빠르게 확실한 신념의 하위감각 양식 위치로 옮겨놓습니다. 긍정적 신념의 이미지들이 확실한 신념의 이미지로 덮겨졌습니다. 확실한 신념의 이미지가 바로 긍정적 신념의 이미지입니다. 긍정적 신념의 이미지가 확실한 신념의 이미지, 확실한 신념의 이미지가 바로 긍정적 신념의 이미지인 것입니다.

(위의 과정을 2번 더 시행합니다.)

맞습니다. 내가 발표를 당당하게 잘할 거라는 긍정적인 신념은 사실 해가 아침에 떠오르는 것처럼 당연하고 확실한 사실입니다. 내가 바라는 발표를 잘할 거라는 신념은, 아주 확실한 사실, 절대불변의 진리인 것입니다.

여기서 중요한 점은 각 신념에 대한 하위감각 양식들을 구체적으로 떠올리는 것과 동시에, 아주 빠른 속도로 다른 신념의 하위감각 양식으로 옮겨놓아야 한다는 것이다.

하나의 신념(믿음)을 다른 위치에 고정시키기 위해서는 그 작업을 매우 빠르게 하여 순식간에 바뀐다고 상상해야 한다.

그러므로 부정적 신념에 대한 하위감각 양식들은 불확실한 신념의 하위감각 양식들로, 긍정적 신념에 대한 하위감각 양식들은 확실한 신념의 하위감각 양식들로 순간적으로 덮어씌워야 한다. 그래야 감정이 바뀐다.

이 과정을 빠르게 3회 정도 반복하면 발표에 대한 부정적이거나 제한된 신념을 긍정적 신념으로 변화시킬 수 있다. 몰입하여 제대로 시행되었다면 발표에 관한 신념이 이제 다음과 같이 느껴질 것이다.

'나는 자신감이 없어.' '나는 발표할 때 벌벌 떨 거야.' 라고 굳게 믿었던 부정적 신념은, 이제 '내가 자신감이 부족한 게 맞을까? 아닐 수도 있지.' '발표할 때 벌벌 떨 수도 있지만, 당당하게 발표할 수도 있지.' 라는 고민하는 마음처럼 느껴질 것이다.

또한 내가 바라는 '나는 자신감 있게 당당한 모습으로 발표할 수 있어.' 라는 믿음은, 매일 아침이 되면 해가 떠오르는 것처럼 불변의 진리처럼 느껴질 것이다.

하위감각 양식을 변화시키면 감정이 변화되고, 변화된 감정은 행동을 변화시킨다. 부정적 믿음, 제한적 신념에 대한 하위감각 양식을 긍정적 표상에 대응하는 것으로 바꿈으로써, 발표를 떠올릴 때의 감정과 행동을 긍정적으로 변화시킬 수 있다.

하위감각 양식에 대한 변화를 통해 발표에 대한 부정적 신념을 해소하고, 발표 자신감을 충만하게 채우도록 하자.

분아 제거 :
발표공포, 긴장을 유발하는 마음 제거 하기

분아(分兒, Part)는 내 전체 마음을 구성하는 하나하나의 작은 마음들이다. 우리 마음은 여러 개의 감정을 지닌 각각의 마음으로 구성되어 있는데, 이 하나하나의 감정을 지닌 마음을 NLP에서는 '분아'라고 한다.

우리는 행복한 감정, 즐거운 감정, 설레는 감정, 불안한 감정, 슬픈 감정 등 다양한 감정을 느끼며 산다. 당연히 발표공포증이 있으면 불안한 감정, 긴장되는 감정 등 부정적 감정이 크게 느껴진다. 이러한 감정 하나하나가 나누어진 작은 마음, 즉 분아인 것이다.

〈가시나무〉라는 노래를 보면 "내 속엔 내가 너무도 많아"라는 가사가 나온다. 여기서 '내 속의 나'가 바로 '분아'라고 할 수 있다. 『안네의 일기』맨 마지막 일기에서도 '이중의 안네'라는 표현이 나온다. 안네가 스스로를 '꼬마 모순 덩어리'라 표현하며 자신에게는 두 명의 안네가 내면에 존재한다는 솔직한 표현이다. 첫 번째는 사람들이 흔히 자신을 생각하는 '고집 세고 아는 체하고 수다스러운 안네'이고, 두 번째는 '사색적이고 감상적이며 사람들에게 드러내지 않는 조용한 안네'가 그것이다. 이처럼 내면에 존재하는 상반된 각각의 마음도 '분아'라고 할 수 있다.

우리의 마음은 즐거운 마음, 행복한 마음, 기쁜 마음, 슬픈 마음, 화난 마음, 불안한 마음, 놀고 싶은 마음, 자유로워지고 싶은 마음 등 각각의 작은 마음(분아)들로 구성되어 있다. 전체 마음을 구성하는 하나하나의 마음들이 '분아'인 것이다. 그리고 각각의 분아들이 복합적으로 작용하여 '나'라는 존재의 성격을 구현한다고 할 수 있다.

분아의 관점에 기초하면, 행복한 감정은 행복을 느끼는 분아(마음)로부터 기인하고, 슬픈 감정은 슬픔을 겪는 분아(마음)가 마음속에 존재하기 때문이다. 마음속에는 여러 감정을 느끼는 분아들이 존재하지만, 가장 영향력이 큰 분아의 지배를 받는다고 할 수 있다. 그러므로 심적으로 고통을 겪는 사람들은 편안한 분아, 즐거운 분아 등 긍정적인 마음이 그 사람에게 존재할지라도 지금은 고통을 겪는 분아가 마음을 차지(승리)하여 고통을 겪는 것이라 볼 수 있다.

마찬가지로 무대공포증이나 발표공포증은 그러한 증상을 유발하는 마음(분아)이 내 마음속에 존재하기 때문이다. 즉 발표에 대한 불안한 마음, 긴장하는 분아가 존재하는 상태에서 발표 상황이 되면 그러한 마음들이 전체 마음을 차지하기 때문에 여러 공포 증상을 겪는 것이다.

따라서 발표공포증을 없애기 위해서는 그러한 증상을 유발하는 마음을 몰아내야 진정한 치료가 가능해진다. 즉 발표할 때 덜덜 떨고, 더듬거리고, 버벅대는 행동을 고치려고 하는 것이 아니라 그러한 행동들을 유발하는 마음을 변화시켜야 진정한 문제 해결이 가능해지는 것이다.

사람들 앞에서 발표를 할 때 겉으로 나타나는 모습과 무의식적 행동들은 모두 나의 마음에 입력된 그대로 나타난다. 마치 컴퓨터에 내장된 프로그램들이 그대로 모니터 화면에 인출되는 것처럼 겉으로 비추어지는 나의 모든 모습과 행동들도 사실은 마음에 새겨진 프로그램대로 나타나는 것이다.

결국 발표할 때 불안하고 긴장된 모습을 보이는 것은 그러한 행동을 유발하는 분아(마음)가 있기 때문이므로, 그러한 마음을 내 마음에서 몰아내는 것이 중요하다. 행동에 문제가 있다고 하여 행동을 고치려고 할 것이 아니라 그 이면에 숨은 마음의 작용을 바꾸어야 진정한 문제 해결이 가능해지는 것이다. 발표에 대한 트라우마를 겪으면 그에 대한 부정적 정서가 분아로 남아 발표 상황만 되면 언제든 튀어올라 공포 증상들을 겪게 된다. 따라서 부정적 정서들을 표출하는 분아가 제거되어야 다시 건강한 인격을 회복하고, 자신감을 가지고 당당하게 발표를 할 수 있다.

여기서 중요한 것은 각각의 분아가 사실은 모두 나를 위해 존재하고 스스로를 보호하기 위해 존재한다는 것이다. 아무리 부정적인 정서를 지닌 분아도 사실은 나 자신을 보호하고 지키기 위해 존재한다.

예를 들어, 개에 대한 공포증이 있는 사람은 개가 멀리서 다가오기만 해도 피하려 한다. 살아가는 데 있어서 매우 불편한 노릇이다. 하지만 두려움을 느끼는 분아는 개와 가깝게 접근하는 상황을 피하도록 함으로써 물리게 되는 위험을 피하게 해 주니 얼마나 고마운 일인가. 고소공포증이 있는 경우에도 그러한 분아는 우리 몸이 높은 곳에 가는 걸 피하게 만듦으로써 우리를 절대 떨어지지 않게 하므로 사실은 분아에게 매우 감사한 일이다.

발표공포증을 겪는 입장에서도 역시 마찬가지다. 살아가는 동안 겪는 상당히 불편한 일이지만 사실은 발표하는 상황을 피하게 해서 다시는 그런 고통을 겪지 않게 하기 위한 마음의 명령인 것이다. 겉으로 볼 때는 공포증, 우울증, 불안함으로 나타나는 이러한 행동과 증상들이 사실은 내 몸을 보호해 주고 다시는 상처받지 않게 하기 위한 무의식의 방어 수단인 셈이다.

이처럼 부정적인 마음의 분아도 사실은 다 자기 자신을 보호하기 위한 긍정적 의도를 가지고 있으므로, 부정적 분아를 무시하고 함부로 대할 것이 아니라 먼저 존재 가치를 인정하고 존중해 주는 것이 중요하다. 분아를 존중해 주는 이유는 분아가 나를 위해 기능하는 것도 있지만 분아가 사람처럼 인격체의 형태를 띠고 있는 경우가 많기 때문이다.

임상 사례들을 보면 분아는 보통 인격체의 형태를 띠는 경우가 많다. 실제로 분아가 인격체의 형태를 띤다고 하기보다는 내면에 집중하여 분아를 찾았을 때 그렇게 느껴지는 것이다. 분아가 그냥 덩어리 형태의 에너지로 느껴지기도 하지만, 사람처럼 말도 하고 감정을 가지는 인격체로 느껴지는 경우가 많다.

분아의 존재를 인정하고 존중해 주는 가장 큰 이유는 그렇게 했을 때 분아를 제거하기가 보다 수월해지기 때문이다. 분아가 존중받는 느낌이 들면 아무래도 몸속에서 떠나가기가 쉬워진다. 이를 위해 트랜스 상태에서 공포증을 유발하는 부정적 분아의 존재 이유와 긍정적 의도를 파악한 후 '그동안 나를 지켜줘서 고맙다.'고 인사를 표한다. 그러면 보다 쉽게 분아를 제거할 수 있는 길이 열린다.

분아의 긍정적 의도를 파악한 후에는 분아를 보통 하늘로 올려보내는 상상을 통해 제거한다. 여러 개의 부정적 분아가 발견될 경우에는 차례차례 하나씩 제거해 나간다.

다음은 무대공포증 극복을 위한 분아 제거 예시 스크립트다.

눈을 감고 편안한 상태에서 온몸의 힘을 쭉 뺍니다…. 그리고 심호흡을 합니다…. 숨을 내쉴 때마다 온몸의 긴장이 빠져나가고… 숨을 들이쉴 때마다 밝고 건강한 에너지가 몸 안으로 들어온다고 상상합니다….

가족들과 즐거운 시간을 보냈던 때를 하나 떠올려 봅니다…. 누구랑 무엇을 하고 있나요? 무엇이 보이나요? 보이는 것들을 얘기해 봅니다…. 기분은 어떤가요? 무슨 말을 하고 있나요? 무슨 소리들이 들리나요? 주변에서 들려오는 소리를 잘 들어봅니다. 온도는 따뜻한가요? 어떤 냄새가 나나요? 주변 물체의 감촉은 어떤가요? 가족들과 즐거운 시간을 보내며 행복한 감정을 가득 느껴봅니다…. 그렇게 몸과 마음이 아주 편안해집니다.

자, 이제 '난 발표하기가 무섭고 두려워.' 라고 소리 내어 말해 봅니다. 2~3번 더 말해 봅니다…. 난 발표하기가 무섭고 두려워. 난 발표하기가 무섭고 두려워… 그러면 몸 안 어딘가에서 '무섭고 두려운 마음'이 느껴질 겁니다. 마음의 눈으로 내면을 잘 살펴보세요…. 무섭고 두려운 마음이 어디에 있는지 한번 느껴보세요…. 무섭고 두려운 마음이 몸 안 어딘가에서 발견될 겁니다. ….

(만약 '머리'에서 느껴진다면) 무섭고 두려운 마음이 머리에서 느껴지는군요. 그 마음의 색깔을 한번 볼까요? 그 마음은 무슨 색인가요? 어떤 모양인가요? 크기는 어떤가요? 가까이 다가가 감촉을 한번 느껴보세요. … 어떤 느낌인가요? 혹시 어떤 냄새가 나는지도 맡아봅니다. 무슨 냄새가 나나요?

자, 이제 그 마음이 당신에게 존재하는 이유를 물어보세요. 왜 나한테 있는 건지 그 마음에게 물어보세요. … 그러면 대답해 줄 겁니다. … 왜 내 마음에 있는 건지 떠오르는 대답이 있을 것입니다. … (만약 '상처를 안 받게 하려고'라는 대답이 느껴진다면) 아, 무섭고 두려운 마음이 사실은 당신으로 하여금 상처를 받지않도록 보호해 주기 위해 존재하는군요.

이제 그 마음에게 감사를 표해 주세요. … 무섭고 두려운 마음님, 그동안 저를 지켜 주셔서 감사합니다. … 그동안 저를 보호해 주시고, 상처를 받지 않게 해 주셔서 감사합니다… 저를 보호해 주셔서 감사합니다. ….

하지만 이제 나는 발표할 때 '당당하고 즐거운 마음'으로 하기로 했어요. 그러니 무섭고 두려운 마음님은 이제 더이상 내 안에 계시지 않아도 됩니다. 발표할 때 자신감 넘치고 당당하게 할 테니, 무섭고 두려운 마음님은 이제 하늘로 올라가 주세요. … 무섭고 두려운 마음은 이제 내게 더이상 필요치 않습니다. 그러니 하늘로 올라가 주세요. 자, 무섭고 두려운 마음에게 하늘로 올라갈 건지 물어보세요. ….

(하늘로 올라가겠다는 대답이 느껴지면) 자, 이제 무섭고 두려운 마음님은 하늘을 바라보세요…. 하늘에서 밝은 빛이 내려와서 나의 머리와 연결됩니다. 밝은 빛의 통로가 머리에서 하늘까지 만들어졌습니다. … 밝고 따뜻한 빛의 통로를 한번 느껴보세요. ….

자, 이제 내가 셋을 세면, 무섭고 두려운 마음님은 그 빛을 따라 하늘로 높이 올라갑니다. 나에게서 영영 떠나갑니다. … .떠나갈 준비됐나요? 그럼 세겠습니다. 하나… 둘… 셋! 무섭고 두려운 마음이 나에게서 떠나갑니다. 무섭고 두려운 마음을 손 흔들어 배웅해 주세요! 밝은 빛의 통로를 따라 하늘 높이 올라갑니다. 무섭고 두려운 마음이 하늘로 높이 올라갔습니다.

이렇게 정말 분아가 나에게서 떠나갔다고 느껴지면, 이제 발표 상황을 떠올렸을 때에도 더이상 무섭다거나 두려운 마음이 느껴지지 않을 것이다. 만약 무섭고 두렵다는 생각 말고도 마음속에 남아 있는 부정적 정서들이 더 있다면, 하나씩 떠올린 다음 위와 같은 방식으로 하늘로 올려보내면 된다.

예를 들어, 발표 상황을 떠올렸을 때 약간의 불안한 마음이 느껴진다면, 위와 같은 방식으로 똑같이 불안한 마음도 하늘로 올려보내면 된다. '이게 어떻게 가능하지?'라는 생각이 들 수도 있을 수 있지만 편안하게 내가 떠올리는 생각대로 대답하고, 그대로 진행하면 된다. 주의집중이 잘 된 상태에서 불현듯 떠오르는 생각이 바로 잠재의식이 보내 주는 답이기 때문이다.

평소에 사물을 심상화하는 훈련이나 자기최면 연습을 틈틈이 해 두면 주의집중력이 높아져서, 트랜스 상태에 금방 들어갈 수 있다. 그리고 트랜스 상태에서는 내면에 조금만 집중하면 어떤 분아의 존재든 느낄 수가 있다. 분아는 머리, 가슴, 배, 다리, 팔 등 신체 어느 부위에든 존재할 수 있다. 오직 무의식의 느낌 그대로 따라가면 된다.

그런데 가끔 임상 사례들을 보면 간혹 분아가 몸에서 떨어지지 않으려고 버티는 경우도 있고, 나가기 싫다고 저항하며 '네가 어떻게 날 나가게 할 수 있는데?'라며 비웃는 경우도 있다.

또는 나간다고 하면서도 며칠 있다 보면 다시 마음속에서 그대로 느껴지는 경우도 있고, 분아가 마치 사람처럼 똑같이 거짓말도 하고 놀리기도 하며 행동하는 것이다.

이럴 때는 괜히 분아의 존재와 말싸움을 하거나 에너지 낭비를 할 필요가 없고 겁먹을 필요도 없다. 단지 분아가 고통을 느낄 수 있게 최대한의 고통을 주는 상상을 하고, 더불어 사랑의 기운이 몸 안을 가득 채운다는 상상을 꾸준히 하면 자연스럽게 해결된다.

예를 들어, 분아에게 뜨거운 불을 갖다 댄다고 상상하면 정말 분아는 뜨거움을 느끼고 그만하라고 말한다. 이런 식으로 트랜스 상태에서 분아에게 고통을 주는 상상을 꾸준히 하면 된다. 또한 사랑의 기운이 몸 안을 가득 채운다는 식의 상상을 하면 분아는 고통스러워하며 언젠가는 떠나게 되어 있다.

마치 기름이 들어 있는 컵에 물을 부으면 기름은 자연스럽게 밀려나는 것처럼 우주의 근원인 사랑의 힘으로 부정적 분아들을 자연스럽게 몰아낼 수 있다. 사랑의 힘과 부정적 정서는 물과 기름처럼 공존할 수 없고, 반드시 사랑의 힘이 이기게 되어 있다.

중요한 것은 억지로 이러한 분아를 내보내려고 애쓰는 것보다는 트랜스 상태에서 건강한 에너지로 자신의 내면을 가득

채운다는 상상을 꾸준히 하는 것이다. 그러면 발표공포증을
유발하는 부정적 마음의 분아가 언젠가는 저절로 밀려나게 되
어 있다.

분아의 제거를 통해 발표에 대한 무섭고 두려운 마음, 불안한
마음을 제거하자. 다시 건강한 마음을 되찾아, 자신감 넘치고
당당하게 발표할 수 있다.

분아 통합 :
상반된 마음 간의 통합을 통해
발표 자신감을 회복하고 건강한 인격 만들기

앞에서 우리의 마음은 여러 개의 감정을 지닌 각각의 마음으로 구성되어 있고, 이러한 각각의 마음을 '분아'라고 했다. 부정적 정서를 지닌 분아가 내 마음에서 우세하게 되면 공포 증상이나 불안 증상들을 겪을 수 있기에, 이를 내 마음에서 내보내어 문제를 해결하는 방법(분아 제거)은 앞에서 자세히 설명하였다.

그런데 우리 안에 있는 모든 분아는 사실 나를 위해 기능하고 있고, 나를 보호하기 위해 존재한다고 하였다. 우울함, 불안감, 공포증, 긴장감 등 부정적인 마음의 분아도 모두 마찬가지다. 발표공포증으로 여러 불안한 증상들을 겪는 것도 겉으로 드러나는 표현 방식만 이상할 뿐, 사실은 발표 상황을 피해서 망신을 당하지 않게 하기 위해서라는 등의 긍정적 의도를 가지고 있다.

이처럼 긍정적인 분아뿐 아니라 부정적인 분아도 모두 나 자신, 즉 스스로를 보호하기 위한 긍정적 의도를 가지고 있는 것이다.

모든 분아가 긍정적 의도를 가지고 있다는 관점에서 보면, 굳이 부정적 분아를 내 마음에서 제거할 필요가 없을 것이다. 부정적 분아 때문에 곤란한 상황을 겪는 것은 맞지만, 본질은 나를 위해 존재하는 고마운 마음이기 때문이다. 따라서 굳이 부정적 분아를 제거하려고 할 필요 없이, 다른 긍정적 분아들과 통합하는 방식으로도 건강한 정신을 회복할 수 있다. 모든 분아가 나를 보호하기 위해 존재하는 고마운 마음이므로 본질에 집중하여 이들을 통합시킴으로써 긍정적 정서를 회복할 수 있는 것이다.

사람들 앞에서 발표를 할 때에는 발표에 대한 '무섭고 두려운 마음'도 존재하지만, 반대로 '안 떨고 자신감 있게 하고자 하는 상반된 마음'도 존재한다. 그런데 '무섭고 두려운 마음'이 다른 마음들과의 경쟁에서 승리하여 내 마음을 차지해 버리기 때문에 발표공포 증상들을 겪는 것이다. 이렇게 상반된 마음의 분아들 간 경쟁하고 갈등하는 상황이 계속되면 정서적으로 불안해지고, 발표 상황이 될 때마다 불안 증상들을 겪게 된다.

이럴 때 '무섭고 두려운 마음'의 긍정적 의도를 알아주고 상반된 분아와 하나로 통합시키면 문제가 해결될 수 있다. 모든 분아들이 결국엔 내 마음이 나누어져서 생기는 것들이고, 존재의 이유 또한 나를 위해서라는 긍정적 의도를 갖고 있기 때문이다.

이처럼 갈등을 겪는 분아들을 하나로 통합하여 정서적 안정을 찾는 방법을 분아 통합이라고 한다. 분아 통합 시에도 각각의 분아들의 긍정적 의도를 파악하는 것은 무엇보다 중요하다. 그래야 분아 간 통합이 쉽게 이루어질 수 있고, 그에 따른 시너지 효과가 극대화될 수 있다.

다음은 분아 통합에 대한 절차다.

분아 통합 방법

1. 발표할 때 나타나는 불안 증상들을 떠올린다. 그러한 행동을 일으키는 마음(분아, 여기선 '발표가 무섭고 두려운 마음'이라고 가정)이 몸속 어딘가에 있는지 느껴본다.

2. '발표가 무섭고 두려운 마음'의 색깔, 형태, 크기 등의 이미지와 감촉, 온도 등을 느껴본다. 그런 다음 그 마음을 몸속

에서 꺼내어 자신의 왼 손바닥 위에 올려놓는다.

3. '발표가 무섭고 두려운 마음'에게 그러한 행동이 나에게 무슨 도움을 주는지, 그 행동의 긍정적 의도를 물어본다. 그리고 나를 위해 기능해 주어서 고맙다는 감사 인사를 한다.

4. 이번에는 바람직하지 않은 행동을 대신해, 당당하게 발표하고자 하는 자신의 다른 분아(여기선 '자신감 넘치고 당당한 마음'이라고 가정)를 떠올린다. 그리고 그 마음의 색깔, 형태, 크기 등의 이미지와 감촉, 온도 등을 느껴본다. 그런 다음 몸속에서 꺼내어 오른 손바닥 위에 올려놓는다.

5. '자신감 넘치고 당당한 마음'에게도 내 마음에 존재하는 이유, 즉 긍정적 의도를 물어본다. 그리고 나를 위해 기능해 주어서 고맙다는 감사 인사를 한다.

6. 이제 양쪽의 긍정적인 의도가 모두 중요하다는 것을 '발표가 무섭고 두려운 마음'과 '자신감 넘치고 당당한 마음'이 서로 인정하며 함께 이야기하도록 한다. 그런 다음, 양 분아를 천천히 하나로 통합시키고 통합된 새로운 이미지(분아)를 만들어낸다.

7. 새롭게 만들어낸 마음(분아)은 어떤 색깔과 모양인지, 어떤 촉감인지, 무슨 냄새가 나는지 등을 느껴본다. 그리고 나에

게 어떤 메시지를 주는 분아인지 그 대답을 느껴본다.

8. 새롭게 창조된 분아를 양손으로 천천히 몸속에 되돌려 넣고, 그 존재를 몸으로 느껴본다.

다음은 분아 통합에 대한 스크립트 예시다.

눈을 감고, 온몸의 힘을 쭉 뺍니다. … 몸의 힘을 쭉 빼고 편안한 자세를 취합니다. … 숨을 들이마실 때마다 밝은 에너지가 들어와 온몸을 가득 채운다고 생각하고… 숨을 내쉴 때마다 걱정과 근심이 모두 사라진다고 생각합니다. 몸과 마음이 편안해집니다. … 몸과 마음이 아주 편안해졌습니다. ….

(이후 트랜스 상태로 더 깊이 들어가기 위해 즐거운 기억이 있는 공간에 가 있는 상상을 추가하면 좋다.)

자, 이제 발표할 때 나타나는 불안 증상들을 떠올립니다. … 구체적으로 떠올려봅니다. … 그러면 몸속 어딘가에서 '발표가 무섭고 두려운 마음(분아)'이 느껴질 것입니다. … 마음의 눈으로 '발표가 무섭고 두려운 마음'이 몸속 어디에서 느껴지는지 찾아봅니다. … 내면에 집중하여 발표공포 증상들을 일으키는 그 마음이 어디에서 느껴지는지 찾아봅니다. … 어디에서 느껴지나요?

(가슴에서 느껴진다면) 아, '발표가 무섭고 두려운 마음'이 가슴에서 느껴지는군요. … 그 마음은 무슨 색깔인가요? 어떤 모양인가요? 크기는 어떤가요? 가까이 다가가 한번 만져 봅니다. … 감촉은 어떤가요? 따뜻한가요 차가운가요? 네, 그렇군요. … 그럼 이제 그 마음을 가슴에서 꺼냅니다. … 오른손으로 그 마음을 천천히 꺼내서 왼손 위에 올려놓습니다. ….

잘했습니다. '발표가 무섭고 두려운 마음'이 이제 왼 손바닥위에 올려져 있습니다. 그 마음에게 여러 발표공포 증상들이 나에게 무슨 도움을 주는지 한번 물어보세요. … "발표가 무섭고 두려운 마음님, 발표할 때 벌벌 떠는 행동이 나에게 무슨 이득이 있지요? 무슨 긍정적 의도가 있지요? 그 답을 알려 주세요." 가만히 기다리면, 그 마음이 답을 해 줄 것입니다. ….

(만약 '발표하는 상황을 피해서 나를 쉬게 해주려고'라는 대답이 느껴진다면) 아, 벌벌 떨게 하는 그 마음은 발표하는 상황을 피해서 나를 쉬게 해 주기 위함이었군요. … 결국 나를 보호하기 위해서 그렇게 벌벌 떨게 만든 거였군요. … 그렇죠? 자, 그 마음에게 감사 인사를 합니다. "발표가 무섭고 두려운 마음님, 나를 위해 기능해 주시고 나를 지켜주셔서 감사합니다."

자, 이번에는 사람들 앞에서 떨지 않고 자신감 있게 발표하는 모습을 한번 상상해 봅니다. … 떨지 않고 여유 있게 웃으며… 당당하게 발표하는 모습을 떠올리세요. … 이처럼 내 마음속에는 사람들 앞에서 떨지 않고 자신감 있게 발표하고 싶은 마음도 분명 존재합니다. 그리고 자신감 넘치고 당당하게 발표하고자 하는 그 마음을 몸속에서 한번 찾아보세요. … 그 마음이 몸속 어디에서 느껴지는지 한번 찾아봅니다. … 마음의 눈으로 '자신감 넘치고 당당한 마음'을 찾아봅니다. … 몸속 어디에서 느껴지나요?

(머리에서 느껴진다면) 아, '자신감 넘치고 당당한 마음'이 머리에서 느껴지는군요. … 그 마음은 무슨 색깔인가요? 어떤 모양인가요? 크기는 어떤가요? 가까이 다가가 한번 만져 봅니다. … 감촉은 어떤가요? 따뜻한가요 차가운가요? 네 그렇군요. … 그럼 이제 그 마음을 머리에서 꺼내… 천천히 오른손 위에 올려놓습니다. ….

잘했습니다. '자신감 넘치고 당당한 마음'이 이제 오른 손바닥 위에 올려져 있습니다. 그 마음에게 내 마음에 존재하는 이유를 한번 물어보세요. … 나에게 무슨 도움을 주는지 물어봅니다. … "자신감 넘치고 당당한 마음님, 발표할 때 자신감 있는 모습이 나에게 무슨 이득이 있지요? 무슨 긍정적 의도가 있지요? 그 답을 알려 주세요." 가만히 기다리면, 그 마음이 답을 해

줄 것입니다. ….

(만약 '친구들에게 사랑받을 수 있어요.'라는 대답이 느껴진다면) 아, 자신감 넘치고 당당하게 하는 그 마음은 친구들에게 인정받고 사랑받게 하기 위함이었군요. … 결국 나를 돋보이게 하기 위해서군요. …. 그렇죠? 자, 그 마음에게 감사 인사를 합니다.

"자신감 넘치고 당당한 마음님, 나를 위해 기능해 주시고 나를 보호해 주셔서 감사합니다."

잘했습니다. 왼손에는 '발표가 무섭고 두려운 마음'이 올려져 있고, 오른손에는 '자신감 넘치고 당당한 마음'이 올려져 있습니다. 이제 양쪽의 긍정적인 의도가 모두 나를 위해서, 나를 지켜 주기 위해서 그런 것임을 알았습니다. ….

자, 그럼 왼손에 올려진 마음과 오른손에 올려놓은 마음을 서로 마주보게 하세요. …. 그리고 서로의 긍정적인 의도가 모두 나를 위한 것이었고, 나에게 소중하다는 것을 이야기하게 하세요.

"자신감 넘치고 당당한 마음아, OO의 자존감을 높여 주고 OO를 보호해 줘서 고마워. 넌 OO에게 소중한 존재야."

"발표가 무섭고 두려운 마음아, 그동안 OO를 지켜 주고 OO를 위해 기능해 줘서 고마워. 너도 OO에게 소중한 존재야."

맞습니다. 겉으로 드러나는 행동만 다를 뿐, 두 마음 모두 내가 잘되라고 존재하는 마음이었던 겁니다. 그럼 이제 마주보고 있는 두 손을 가까이 다가가게 합니다. 그리고 양쪽 손을 맞잡으며 천천히 하나로 융합시킵니다. 두 개의 마음이 하나로 융합되는 장면을 상상합니다. 이제 양 마음이 하나로 통합되었습니다. 통합된 새로운 마음이 만들어졌습니다.

자, 완전히 통합된 모습을 바라보세요. 그리고 새로운 마음의 이미지를 구체적으로 느껴보세요. 어떤 모습인가요? 무슨 색깔인가요? 감촉은 어떤가요? 느낌은 어떤가요? 온도는 어떤가요?

새롭게 만들어진 마음이 나에게 어떤 의미가 있는지 물어봅니다. "새로운 마음님, 나에게 어떤 메시지를 주나요? 나에게 어떤 의미가 있나요?"

(이제부터 발표할 때 남들 시선은 신경 쓰지 않고 당당하게 할 수 있을 것 같다는 대답이 느껴지면) 그렇군요. 통합된 새로운 마음은 나에게 용기를 북돋아 주는 마음이군요. ….

자, 그럼 이제 새로운 마음을 천천히 몸속에 다시 넣을 것입니다. 두 손을 곱게 모아 천천히 가슴으로 갖다 대며 몸 안으로 들어온다고 상상합니다. 그리고 새로운 마음이 가슴에서부터 온몸에 천천히 퍼져나간다고 상상해 보세요. 몸 전체에 통합된 새로운 마음이 따뜻하고 부드럽게, 깊이 퍼집니다. … 새로운 마음이 나의 세포 하나하나에 깊게 스며들어 갑니다.

마지막으로 사람들 앞에서 발표하고 있는 자신을 상상해봅니다. 어떤 모습으로 발표하고 있나요? (제대로 시행되었다면, 떨지 않고 당당하게 발표하는 모습이 떠오를 것입니다.) 맞습니다. 발표는 원래 자연스럽고 즐거운 것입니다. 지금처럼 자신감 넘치고 당당한 태도로 발표에 임하면 됩니다.

다음은 분아 통합 방법을 활용한 상담 사례이다. 실제 임상 현장에서 분아 통합이 어떻게 적용되는지 살펴봄으로써, 스스로 발표 불안을 해결하는 데에도 도움이 될 수 있기를 바란다. 치유 원리는 모든 정신 증상에 동일하게 적용될 수 있기에, 다음 사례를 참조하여 자신의 상황에 맞게 스크립트를 변형하여 사용하면 된다.

분아 통합 방법이 적용된 상담 예시

민영(가명)이는 중학교 2학년 학생으로, 자신의 몸을 항상 청결하게 유지하려는 강박증이 있다. 초등학교 때는 안 그랬는데

중학교에 올라오면서 코로나 상황이랑 겹치며 강박증이 점점 심해졌다고 하였다.

주요 증상으로는 손을 수시로 자주 씻기, 집에 오면 소파랑 책상, 의자 박박 닦기, 자신의 물건 닦기, 씻기 전에 세면대와 샤워기도 깨끗이 닦기 등이다.

민영이 스스로도 자신의 행동이 좀 과하다고 생각하여 '이러면 안 되는데…'라는 생각을 자주 하지만, 자신과 주변이 깨끗하게 정리되어야 마음이 안정되어 편안해 진다고 하였다. 자신도 손과 물건을 수시로 씻는 행동이 비합리적 행동이라는 것을 알고 있지만, 마음 먹은대로 안 된다고 하였다.

상담자 : 민영아, 온 몸의 힘을 쭉 빼고… 호흡에만 집중해보자. 숨을 들이마시고… 내쉬고… 들이마시고… 내쉬고… 편안하게 숨을 쉬며 내면에 집중해보자. … 자, 이제 자신의 손을 박박 씻고 있는 자신의 모습을 떠올려 보자. … 지금 민영이는 비누를 손에 묻히고 박박 문지르며 깨끗이 씻고 있어.… 그러면 손을 박박 씻게끔 하는 충동을 일으키는 마음이 몸 속 어딘가에서 보일 거야. 마음의 눈으로 내면을 잘 살피면 손을 씻게끔 만드는 마음이 몸 속 어딘가에서 보일 거야. … 마음의 눈으로 온 몸을 잘 살펴보자. 어디에 그러한 마음이 있는 것 같니?

내담자 : 머리에 있는 것 같아요. ⋯ 머리에 뭔가가 느껴져요.

상담자 : 아 머리에 있구나. ⋯ 그러면 손을 씻게끔 충동을 일으키는 그 마음을 머리 속에서 꺼내어 왼 손 위에 올려놓아 볼까? 머리에서 천천히 그 마음을 오른손으로 꺼내⋯ 왼손 위에 올려놓자. ⋯ 잘 했어. 그 마음은 무슨 색깔로 보여?

내담자 : 음 검은 회색이요.

상담자 : 무슨 모양이야?

내담자 : 약간 삐죽삐죽하고⋯ 불규칙해요.

상담자 : 한번 오른손으로 만져볼까? 감촉은 어때?

내담자 : 차갑고⋯ 조금 딱딱한 느낌이에요.

상담자 : 아, 씻게끔 충동을 일으키는 마음이 약간 삐죽삐죽하고, 차갑고, 딱딱하게 생겼구나. 그럼 그 마음에게 한번 물어볼까? 속으로 '그렇게 손을 자주 씻게끔 만드는 행동의 긍정적 의도가 무엇이니? 그렇게 함으로써 무엇을 얻고자 하기 위함이니?'하고 물어봐봐.

내담자 : 음⋯ 제 몸이 깨끗해지게 하기 위함이래요. 제 몸이 깨끗하면 좋으니까. ⋯.

상담자 : 아, 깨끗해지게 하기 위함이구나. 그럼 몸이 깨끗해지면 무슨 이득이 있는지 다시 한번 물어볼까?

내담자 : 깨끗하면 친구들이 저를 좋아하게 되요⋯ 친구들에

게 인정받을 수 있어요.

상담자 : 아하, 손을 씻게끔 만드는 그 마음은 결국 민영이가 친구들에게 사랑받고 인정받게 하기 위해 존재하는 거구나. … 그 마음은 결국 민영이 자신을 위해 존재하고 민영이 몸을 보호하기 위해 존재하는 거야. 그렇지?

내담자 : 네. 저를 지켜주기 위한 것 같아요.

상담자 : 응 맞아. 그럼 이제 민영이가 진정으로 바라는 자신의 모습을 떠올려 볼까? 민영이가 진정으로 원하는 자신의 모습은 뭐야?

내담자 : 예전처럼 오랫동안 씻지 않아도 아무렇지 않은 모습이요. 물건을 닦지 않아도 아무렇지 않게 생활하는 모습이요.

상담자 : 그렇게 씻지 않아도 아무렇지 않게 생활하는 민영이의 모습을 구체적으로 떠올려보자. … 오랫동안 씻지 않아도 불편하지 않고… 물건을 닦지 않아도 아무렇지 않게 생활하는 모습을 구체적으로 그려보자. …

내담자 : 네.

상담자 : 이제 씻지 않아도 아무렇지 않게 생활하게 해 주는 그 마음을 몸 속에서 꺼내어 오른손 위에 올려놓아 보자. … 천천히 그 마음을 몸 속에서 꺼내어 오른손 위에 올려 놓자. … 그 마음의 색깔은 무슨 색이니?

내담자 : 밝은 흰색과 노란색이… 섞여 있어요.

상담자 : 모양은 어때? 어떤 냄새가 나니?

내담자 : 몽실몽실한 구름 같고… 좋은 냄새가 나요.

상담자 : 그럼 이제 그 마음에게, 손이나 물건을 닦지 않고 생활하는 것이 민영이에게 무슨 이득을 가져다 주는지… 무슨 도움이 되는지 한번 물어봐봐.

내담자 : 엄마와 아빠한테 사랑받으며… 즐겁게 생활할 수 있대요.

상담자 : 아하 그 마음은 결국 민영이가 엄마, 아빠한테 사랑받고, 평소에 즐겁게 생활할 수 있게 하기 위한 마음이구나. … 그렇지?

내담자 : 네 맞아요.

상담자 : 그럼 이제 왼손에 올려진 마음과 오른손에 올려놓은 마음을 서로 마주보게 해보자. … 그리고 서로의 긍정적인 의도가 모두 민영이를 위한 것이었고… 자신에게 소중하다는 것을 이야기하게 하자. … 두 가지 상반된 마음은 겉으로 드러나는 행동만 다를 뿐 모두 민영이가 잘 되라고 존재하는 마음이었던 거야.

내담자 : (의식을 치르듯 서로의 마음이 모두 자신에게 소중하다는 것을 이야기하고, 두 마음에게 고맙다고 인사함.)

상담자 : 자 이제 두 손을 가까이 다가가게 하여 천천히 하나로 융합시켜 보자. 두 손이 서로 가까워지며 두 마음이 하나로 합쳐진다고 상상해봐. … 두 손을 동그랗게 맞잡으며, 이제 두 개의 마음은 하나로 통합이 되었어. … 새롭게 만들어낸 이미지는 어떤 모습이야?

내담자 : 커다란 공 모양이고… 수정 구슬처럼 투명해요.

상담자 : 감촉이나 느낌은 어때?

내담자 : 반질반질하고 부드러워요.

상담자 : 새롭게 만들어진 이미지는 민영이에게 어떤 의미가 있니?

내담자 : 손을 씻지 않아도 불편하지 않고… 엄마, 아빠에게 사랑받으며 즐겁게 생활할 수 있을 것 같아요.

상담자 : 그래, 민영이는 이제 예전처럼 손 씻는 것에 몰두하지 않고 즐겁게 생활할 수 있어. 이제는 하나로 통합된 이미지인 그 마음을 천천히 몸 속에 다시 넣을 거야. … 두 손을 곱게 모아 천천히 가슴으로 갖다 대며… 몸 안으로 들어온다고 상상해보자. … 그리고 통합된 마음이 가슴에서부터 온 몸에 천천히 퍼져나간다고 . 몸 전체에 수정 구슬처럼 투명한 공 모양의 통합된 마음이 부드럽고 깊이 퍼져 나가고 있어. … 그렇게 온 몸을 꽉 채우는 모습을 상상해봐.

내담자 : 네(행복한 표정을 지음).

 우리 마음의 모든 분아들은 다 긍정적 의도를 가지고 있다. 발표공포증에 따라 나타나는 행동들도 그 이면에는 분아의 긍정적 의도가 숨어 있다. '자신의 몸을 보호하기 위해서' 또는 '상처받지 않기 위해서' 또는 '나를 알아봐 주세요.'와 같은 분아의 긍정적 의도가 숨어 있는 것이다.

 따라서 분아들 간의 갈등을 억압하거나 무시하고 단순히 행동을 고치려고만 한다면 진정한 문제 해결을 할 수 없다. 발표를 무섭고 두려워하는 마음에 대한 긍정적 의도를 알아주고 상반된 분아와 통합시킨다면 건강한 인격이 형성될 수 있다.

 분아 통합으로 새롭게 탄생한 분아는 내가 인지하지 못했던 발표에 대한 통찰력과 창조적 해법을 제공해 준다. 그럼으로써 발표를 생각했을 때 의욕이 넘치고 '잘할 수 있겠다.'는 자신감이 생기게 된다.

 분아들 간의 통합을 통해 발표 자신감을 회복하고 건강한 인격을 만들어 나가시길 응원한다.

6단계 관점 바꾸기 :
발표공포 증상들을 바람직한 행동으로 대체시키기

관점 바꾸기는 어떤 경험이나 상황, 사건을 기존의 관점과는 다른 시각에서 바라보고 기존 의미와는 다른 의미를 부여함으로써 문제로부터 벗어나도록 하는 방법을 말한다. NLP에서 6단계 관점 바꾸기(Six Step Reframing)는 발표공포 증상의 긍정적 의도를 찾아내 발표공포에 따라 나타나는 부정적인 행동들을 바람직한 새로운 행동으로 대체하는 방법이다.

이 기법은 문제가 되는 행동을 대신해 긍정적 의도를 충족시켜 주는 새로운 행동을 찾아낸다는 의미에서 관점 바꾸기에 해당한다.

앞에서 사람의 마음은 여러 가지 감정을 가진 분아들로 구성되어 있다고 했다. 긍정적 정서를 가진 분아들도 있고 부정적 정서를 가진 분아들도 있지만 여러 마음을 가진 분아들이 서로 조화를 이루어 전체 성격을 구현하고, 어떤 분아가 우세하느냐에 따라 마음이 즐거워지기도 하고 우울해지기도 하며 행복해지기도 하고 두려움을 느끼기도 한다.

모든 분아는 다 우리 몸을 지켜 주기 위한 긍정적 의도를 가지고 있다. 사람들 앞에서 말을 하게 되면 벌벌 떨고 버벅거리고 식은땀을 흘리는 것과 같은 행동 등도 사실 자신을 지키기 위한 것들이다. 부정적인 결과를 불러오기도 하지만 사실 자신을 지키고자 하는 긍정적인 의도를 가지고 있는 것이다.

예를 들어, 사람들 앞에서 말을 해야 하는 상황이 처할 때 혹은 예정되었을 때 과거의 고통스러웠던 경험을 다시는 겪지 않기 위한 분아의 본능적 판단에 따라 나타나는 현상일 수도 있고, 어린 시절의 상처받았던 '어린 나'를 알아봐 달라는 메시지일 수도 있다.

상담 사례를 보면 도벽이나 음주 습관, 매번 지각하는 습관 등도 그 행동의 기저에는 '나를 좀 알아봐 주세요' '친구들에게 인정받고 싶어요' '가족들의 관심을 받고 싶어요.' 등의 긍정적 의도가 숨어 있는 것을 발견할 수 있다. 그리고 이러한 의도가 충족이 되지 않았을 때 겉으로 볼 때는 나쁜 행동, 나쁜 습관으로 표현되는 것이다.

이처럼 모든 행동의 근본적 이면에는 분아가 자신을 보호하려고 한다거나, 인정받으려고 한다거나, 나의 존재를 알리고 싶다는 등 긍정적인 의도가 숨어 있고, 이러한 의도가 자신도 의식하지 못하는 사이에 행동으로 표출된다.

그러므로 발표공포 증상들을 겪을 때는 이러한 행동을 유발하는 분아의 긍정적 의도를 파악하고, 이를 사회적으로 용인될 수 있는 행동으로 표출될 수 있게 도와주는 역할이 중요하다.

사람들 앞에 나서서 말을 할 때 벌벌 떨고 식은땀을 흘리거나 버벅대는 등의 행동들은 분명 자신에게도 해롭지만 사회적으로도 긍정적이지 않은 행동이다. 따라서 분아의 긍정적 의도가 사회적으로 용인되고 자신에게도 만족스러운 방향으로 표출될 수 있도록 도와주어야 한다.

6단계 관점 바꾸기는 이처럼 그만두고 싶은 행동의 긍정적 의도를 만족시키면서 이를 대체하는 새로운 바람직한 행동을 형성하는 방법이다.

6단계 관점 바꾸기의 절차는 다음과 같다.

6단계 관점 바꾸기 절차

1. 발표를 할 때 고치고 싶은 행동을 정한다. (예. 벌벌 떠는 모습, 식은땀을 흘리는 모습, 버벅대는 말투 등)

2. 내면에 주의를 집중하여 고치고 싶은 행동을 유발하는 분아를 찾는다. 그 분아의 색깔, 모양, 크기, 촉감, 냄새, 소리 등을 느껴본다.

3. 고치고 싶은 행동을 유발하는 분아에게 그러한 행동이 나에게 무슨 도움이 되는지, 그 행동의 긍정적 의도를 물어본다. 그리고 그 긍정적 의도를 충족시키는 다른 행동이 있다면 해보겠느냐고 분아에게 물어보고, 승낙을 얻어낸다.

4. 이번에는 자기 안의 긍정적 정서를 지닌 분아를 찾는다. 예를 들어, 과거 기분이 좋았던 경험을 떠올려서 행복한 감정을 느끼면, 그 감정이 바로 긍정적 정서를 지닌 분아이다. 이 분아에게 그 긍정적 의도를 충족시켜 줄 수 있는 세 가지의 다른 대안적 행동을 가르쳐 달라고 부탁한다.

5. 고치고 싶은 행동의 분아에게 세 가지의 다른 대안적 행동을 할지 여부를 물어본다. "네"라는 신호가 있으면 다음 단계로 넘어가고, 그렇지 않으면 4번 단계로 돌아가 긍정적 정서를 지닌 분아에게 다른 대안적 행동 3가지 알려달라

고 부탁한다. 그리고는 고치고 싶은 행동의 분아에게 다시 새로운 대안 행동 3가지를 할 의향이 있는지 물어보고, 승낙을 얻어낸다.

6. 자기 안의 다른 모든 분아에게 이 세 가지의 대안 행동에 반대하는 분아가 없는지 확인한다. 반대하는 분아가 있으면 5번으로 돌아간다. 반대하는 분아가 없으면 상상을 통해 가까운 미래로 가서 새로운 행동이 효과적인지 확인해 본다.

다음은 발표공포 증상들을 자신감 넘치는 행동으로 변화시키기 위한 6단계 관점 바꾸기의 스크립트 예시다.

눈을 감고 편안한 자세를 취합니다. 온몸의 힘을 쭉 뺍니다. … 숨을 고르게 내쉬며 더욱 편안한 상태를 만듭니다. 숨을 내쉴 때마다 긴장과 불안이 빠져나가고… 숨을 들이쉴 때마다 평화와 안정이 나를 가득 채웁니다. … 몸과 마음이 편안합니다. ….

(트랜스 상태를 더욱 깊게 하려면 즐거운 곳에 가 있는 상상을 더 추가합니다.)

자, 이제 발표와 관련된 불안 증상들(벌벌 떠는 행동, 버벅대는 말투, 불안한 눈빛, 식은땀 흘리는 모습 등)을 떠올립니다. 그리고 "난 발표하기가 무섭고 두려워." 라고 말합니다. 두세 번 더 말해 봅니다.

이제 마음의 눈으로… 그러한 행동(발표공포 증상들)을 일으키는 분아, '발표가 무섭고 두려운 마음'을 내면에서 찾습니다. '발표가 무섭고 두려운 마음'이 몸속 어딘가에서 느껴질 겁니다. … 어디에서 그 마음이 느껴지나요? 그 분아에게 나와 대화할 수 있는지 물어봅니다. "나와 대화할 수 있으면 '네'라는 신호를 보내 줄 수 있나요?"라고 물어봅니다. ….

주의를 집중해서 분아로부터의 반응을 기다립니다. … 분아로부터 반응이 느껴지는 게 있을 것입니다. 대답과 관련해 분아로부터 어떤 이미지가 보이거나, 목소리가 들리거나, 어떤 감각이 강하게 느껴질 것입니다. … ('네'라는 긍정적인 대답이 느껴지면) 자, 분아에게 감사의 마음을 표합니다. "발표가 무섭고 두려운 마음님, 나와 대화를 해 줘서 고맙습니다."

그 분아의 색깔은 어떻습니까? 어떤 모양인가요? 가까이 다가가 만져봅니다. 촉감은 어떤가요? 냄새가 난다면 어떤 냄새가 나나요?

이제 '발표가 무섭고 두려운 마음'에게 겉으로 나타나는 발표공포 증상들을 통해 무엇을 얻고자 하는지, 무슨 긍정적 의도가 있는지 물어봅니다. "발표가 무섭고 두려운 마음님, 나에게서 발표공포 증상들을 왜 일으키나요?" "발표공포 증상들이 나에게 무슨 이득이 되나요?"라고 물어봅니다. … 그럼 그 분아가 대답을 해 줄 것입니다. ….

(분아가 "다른 사람들에게 망신당하지 않게 하기 위해서"라고 대답한다면) 아, 그렇군요. … 내가 다시는 망신당하지 않게 하기 위해서 그런 행동들을 하게 했군요. … 발표 상황을 피하게 만들어서 나의 인격을 보호하고자 하는 그런 긍정적 의도가 있었군요. … 분아님 감사합니다.

자, 이번에는 예전 기억 중에 칭찬을 받았던 추억 하나를 떠올립니다. … 칭찬을 받아서 아주 기분 좋았던 추억 하나를 떠올립니다. … (엄마에게 칭찬받았던 기억을 떠올렸다면) 칭찬받았던 때의 뿌듯한 감정은 나의 무의식에 그대로 저장되어 있습니다. 그때의 뿌듯한 감정, 기분 좋은 감정을 마음껏 느껴보세요. … 그 뿌듯한 감정을 느끼는 마음을 '뿌듯한 마음'이라고 하겠습니다. '뿌듯한 마음'이 몸속 어디에서 느껴지나요? 그 마음의 색깔은 무엇인가요? 모양은 어떤가요? 만져본다면 촉감은 어떤가요? 어떤 냄새가 나나요?

이제 '뿌듯한 마음'에게 긍정적 의도(다른 사람들에게 망신당하지 않음)를 만족시키면서, 벌벌 떠는 행동을 대신할 수 있는 세 가지의 대안적 행동을 물어봅니다. "뿌듯한 마음님, 내가 다른 사람들에게 망신당하지 않으면서, 벌벌 떠는 행동을 대신할 수 있는 대안적 행동에는 뭐가 있을까요? 세 가지만 알려 주세요." 뿌듯한 마음의 입장에서 곰곰이 생각하면, 그 대답이 떠오를 것입니다.

첫 번째 대안 행동은 무엇입니까?

두 번째 대안 행동은 무엇입니까?

세 번째 대안 행동은 무엇입니까?

(아래와 같은 대답들이 떠올랐다고 가정해 보겠습니다.)

첫째, 발표할 때 '나는 자신감이 넘친다.'라고 속으로 되뇌고, 실제 자신감이 넘친다고 생각하며 발표합니다.

둘째, 사람들과 눈을 맞추며 발표합니다. 사람들 눈빛을 가족이 바라보는 눈빛이라고 생각합니다.

셋째, 평소에 엄마에게 "너는 원래 발표를 훌륭하게 잘했단다, 앞으로도 잘할 거야." 라고 칭찬해 달라고 부탁합니다.

그럼 이제 '발표가 무섭고 두려운 마음'에게 이 세 가지의 대안적 행동을 해볼 의향이 있는지 하나씩 물어봅니다. 진지하게 대안적 행동을 하나씩 해볼 의향이 있는지 묻습니다. ….

('네'라는 신호가 느껴지면 다음 단계로 넘어가고, 그렇지 않으면 다시 '뿌듯한 마음'에게 세 가지의 다른 대안적 행동을 물어봅니다.)

이 세 가지 행동이 다 좋다고 느껴지면, 이제는 내 안의 다른 모든 분아들에게도 물어봅니다. "세 가지의 대안 행동을 취할 것에 혹시 반대하는 분아가 있습니까? 세 가지 행동에 모두 찬성한다면 엄지를, 만약 반대하는 분아가 있다면 검지를 까딱여 주세요." 가만히 기다리고 있으면, 무의식이 대답해 줄 것입니다. ….

(만약 검지를 까딱인다면, 다시 '뿌듯한 마음'에게 돌아가 세 가지의 다른 대안적 행동을 물어봅니다. 그리고 다시 한번 다른 모든 분아들에게 찬성 절차를 거칩니다.)

아주 좋습니다. 다른 분아들도 이 세 가지 대안적 행동에 모두 찬성했군요. 그럼 이제 1년 후로 가서… 이 새로운 행동 세 가지를 실제 해보는 모습을 상상합니다. … 1년 후에 발표할 때 '나는 자신감이 넘친다'고 되뇌는 모습, '자신감이 넘친다고 생각하며 발표하는 모습', '사람들과 눈을 마주치며 당당하게 발표하는 모습', '엄마에게 발표를 잘했다고 칭찬받는 모습'들을 구체적으로 떠올립니다. 모두 할 수 있겠지요? 맞습니다. 지금처럼 당당하고 자신감 있게 발표하면 됩니다.

이 과정을 통해 발표공포증이 해결되고 자아상은 강화되어, 발표 상황에서도 떨리지 않고 자신감을 가지고 말할 수 있게 된다.

겉으로 보기에는 이상하게 보일 수도 있지만, 그냥 편안하게 느껴지는 대로 따라가면 된다. 심신이 안정된 상태에서 내면에 집중할 때 불현듯 떠오르는 생각들이 바로 잠재의식이 주는 답이기 때문이다.

6단계 관점 바꾸기를 통해 발표공포증을 극복하고, 언제든 자신감 있게 발표에 임하도록 해보자. 누구나 웃으며 당당하게 발표할 수 있게 된다.

자기최면 :
자신감 있게 발표에 임하는 상태를 실현시키기

자기최면은 말 그대로 자기 자신에게 거는 최면이다. 잠재의식이 조금이라도 활성화되는 트랜스 상태에서 하는 자기암시문이라고 할 수 있다. 자기최면을 통해서 당당한 자아를 형성하고 발표 자신감을 회복할 수 있다.

자기최면은 자신이 원하는 시간과 장소에서 손쉽게 할 수 있다는 장점이 있다. 자기최면의 간단한 원리와 방법을 익히면 발표공포증 해소는 물론, 일상 속에서의 긴장이나 불안감, 스트레스를 해소하는 데에도 큰 도움이 된다. 또한 긍정적인 자아상을 형성하고, 행복감을 증진하는 데에도 큰 효과가 있다.

평소 자기최면 연습을 꾸준히 하면 심상화 능력과 주의집중력이 향상돼 트랜스 상태로 더 쉽고 빠르게 들어갈 수 있다. 그리고 그때 입력되는 이미지나 암시문의 내용이 잠재의식에 바로 각인이 된다. 잠재의식에 한번 각인된 메시지는 자연스럽게 생각을 변화시키고 행동을 변화시킨다.

자기최면의 효과를 극대화하려면 자연스럽게 트랜스 상태로 유도되는 때인 잠들기 직전이나 잠에서 깨기 직전에 하면 좋다. 비몽사몽할 때 또는 잠들기 직전이나 잠에서 깨기 직전에 녹음된 자기최면 유도문을 틀어놓는다면 훨씬 더 빨리 잠재의식을 변화시킬 수 있다.

다음은 발표공포증을 극복하고, 원하는 상태 실현을 위한 자기최면 유도문으로 잔잔한 명상 음악과 함께 녹음하여 듣는다면 더 좋을 것이다.

편안히 누워서 (또는 앉아서) 온몸의 힘을 쭉 뺍니다. 그리고 앞에 있는 어느 한 점(또는 조그만 물체)을 응시합니다. 시선을 고정할 수 있는 어느 한 점이면 다 괜찮습니다. 그것을 가만히 바라보면서 눈을 깜빡깜빡해 봅니다. 눈을 깜빡깜빡하면서 그 점을 계속 바라봅니다. 무심한 상태로 눈을 깜빡깜빡하며 계속 그 점을 바라봅니다. 처음엔 그 초점이 선명했지만, 점차 그 초점이 흐려지는 것을 느낄 수 있을 것입니다. 자연스럽게 눈을 깜빡깜빡하는 가운데… 눈꺼풀이 조금씩 무거워지고… 눈꺼풀이 점점 무거워집니다. ….

　이제 다섯에서 하나까지 세겠습니다. 거꾸로 세어가는 동안 눈이 점점 무거워지면서 감길 것입니다. 마지막 하나를 세면 두 눈이 완전히 감길 것입니다.

　다섯, 두 눈이 점점 무거워집니다.

　넷, 점점 피로해져서 눈꺼풀이 무거워집니다.

　셋, 눈꺼풀이 파르르 떨리며 눈을 뜨기 어렵습니다.

　둘, 졸음이 오기 시작하면서 눈꺼풀이 감깁니다.

　하나, 눈꺼풀이 그대로 달라붙습니다. 눈에 힘이 완전히 빠지고… 눈꺼풀이 달라붙어서 뗄 수가 없습니다. ….

　이제 모든 의식을 머리 꼭대기에 집중합니다. 주변의 소리엔 신경 쓰지 말고, 오직 지금 나오는 말에만 귀를 기울입니다. … 좋습니다. 자, 머리의 힘을 뺍니다. 이마의 힘도 빼고… 눈꺼풀과 눈동자의 힘도 빼세요. 턱의 힘도 빼고… 목의 힘도 빼세요. … 양어깨의 힘도 빼고, 팔꿈치와 손목의 힘도 뺍니다. … 양손의 힘도 쭉 뺍니다. 가슴의 힘도 빼고 배의 힘도 빼세요. 편안하게 축 늘어집니다. … 그리고 이제 엉덩이와 허벅지의 힘도 빼고… 무릎의 힘도 빼세요. 종아리의 힘도 빼고, 발등과 발목의 힘도 뺍니다. … 모든 긴장이 풀리고 편안하게 가라앉습니다.

발가락과 발바닥의 힘도 모두 뺍니다. 이제 당신은 머리 꼭대기에서 발가락 끝까지 온몸의 힘이 쭉 빠지고, 아주 나른해졌습니다. 몸이 아래로 착 가라앉는 듯 느껴지며, 몸과 마음이 아주 편안합니다. … 그런 느낌을 느껴보세요. ….

자, 이제는 내가 좋아하는, 아주 평화로운 곳에 와 있다고 상상해 봅니다. 나의 눈앞에 펼쳐진 평화로운 바닷가의 모습을 한 번 떠올려 볼까요? 네, 좋습니다. … 바닷가의 모습을 떠올렸으면, 천천히 주변을 한번 둘러봅니다. … 무엇이 보이나요? 수평선이 맞닿은 바다가 저 멀리로 보입니다. 멀리서 돛단배도 보입니다. … 하늘에서는 따뜻한 태양이 내리비추고 있습니다. 태양이 아주 따뜻하게 느껴집니다. 귓가에 스치는 바닷바람을 느껴볼까요? 바닷바람의 느낌이 어떤가요? 바닷바람의 감촉과 따뜻한 햇살을 동시에 느껴봅니다. 바닷물을 살짝 손으로 적셔서 맛을 봅니다. 어떻습니까? 짠맛이 나나요? 이번에는 신고 있는 신발을 벗고 맨발로 모래사장 위를 걸어가 보세요. 그리고 모래 위를 걷는 발바닥의 촉감을 느껴봅니다. … 느낌이 어떤가요? 따뜻한가요? 약간 까칠까칠 한가요? 그런 감촉을 온몸으로 느끼면서 계속 걸어갑니다. 이번에는 모래 위에 한 번 앉아봅니다. 모래를 만지면서… 따뜻한 모래의 촉감을 느껴봅니다. 모래의 촉감이 엉덩이를 따뜻하게 합니다. 따뜻한 기운이 온몸으로 퍼져 나른해집니다. 아주 편안합니다. 바다 저 멀리에서 시원한 바람이 불어와 온몸을 휘감고 지나갑니다. … 온몸을 휘감고 지나가는 바람결을 느껴보십시오. 아주 상쾌합니다. 하늘에서는 따뜻한 햇살이 얼굴을 비추고 있습니다. 얼굴 가득 내려앉는 햇살의 따스함을 느껴보세요. 아주 기분이 좋습니다.

(여기서는 바닷가를 예로 들었으나, 자신이 특별히 좋아하는 곳으로 대체하여 상상이 가능합니다.)

따뜻하고 나른한 기분을 마음껏 느끼는 동안에… 나의 내면에 있는 잠재의식이 깨어났습니다. … 잠재의식의 문이 활짝 열렸습니다. … 잠재의식이 활짝 깨어나, 나의 의식과 접속되었습니다. … 잠재의식은 언제나 나를 위해 존재하고 나를 위해 기능을 하는 고마운 존재입니다. 잠재의식은 나에 대한 모든 것을 알고 있고, 나에게 필요한 도움을 기꺼이 줄 것입니다. … 잠재의식은 나를 위해 존재하므로 내가 발표를 잘할 수 있게 도와줄 것입니다. ….

나는 비록 발표할 때 떨리고 긴장되었지만 이제는 그러한 모습들을 충분히 받아들이고 이해할 수 있습니다. … 나는 그런

나 자신을 사랑합니다. … 나의 모든 모습들을 이해하고 사랑합니다. … 나는 비록 발표할 때 벌벌 떨었지만, 이제는 편안하고 안정이 됩니다. … 이제는 발표 상황에서도 점점 편안해지고 안정이 됩니다. 발표 상황이 되어도 나는 아주 편안하고 행복해집니다. 나는 이제 발표하는 상황을 아주 편안하고, 자연스럽게 받아들일 수 있습니다. ….

나는 원래 발표를 잘했습니다. 다만 예전의 당당한 모습들을 잠깐 잊어먹었을 뿐입니다. 옛날에 엄마한테서 칭찬받았던 기억을 한 가지 떠올려 봅니다. … 그때 무슨 일로 칭찬받았나요? 엄마가 뭐라고 칭찬했나요? 주변에 어떤 소리들이 들리나요? 그때 기분이 어떤가요? 행복하고 뿌듯한 감정을 가슴 깊이 느껴봅니다. 그리고 그러한 행복한 감정이 온몸으로 퍼져나가서… 나의 몸을 가득 채웁니다. … 내 몸은 행복감으로 가득 찼습니다. ….

행복감을 가득 느끼면서, 이제 저 높이 창공으로 떠오릅니다. … 아주 자유롭게 날아오릅니다. … 마음이 평온하고 시원합니다. … 자유롭습니다. 점점 더 높이 올라가 우주 상공까지 올라갑니다. … 여기는 건강하고 밝은 에너지가 가득한 우주 한가운데입니다. … 신의 사랑과 축복이 가득한 우주입니다. … 우주의 건강한 공기를 힘껏 들이마시고… 내쉽니다. … 다시 한번 우주의 건강한 에너지를 힘껏 들이마시고… 내쉽니다. …나는 소중한 존재입니다. 나는 신으로부터 보호받는 존재이며, 신의 축복을 받고 태어났습니다. 그러므로 나는 행복할 권리가 있습니다. 나는 이제 씩씩하게 발표를 잘할 수 있습니다. 나는 자신감이 넘치고 뭐든지 씩씩하게 할 수 있습니다. … 내 마음은 이제 자신감과 여유로움으로 가득 찼습니다. … 내 마음에 가득 찬 자신감과 여유로움으로… 나는 앞으로 발표를 잘 할 수 있습니다.

자, 이제 사람들 앞에서 자신감 있는 태도로… 당당한 모습으로 발표하고 있는 자신을 떠올려 보세요. … 나는 내 앞에 앉아 있는 사람들과 눈을 맞추며… 하나도 떨지 않고 여유 있게 말하고 있습니다. … 그러한 모습을 상상해 보세요. … 나는 사람들 앞에서 미소를 지으며, 자신감 넘치고 당당한 태도로 말하고 있습니다. … 사람들 앞에서 발표하고 있는 나는 얼굴에 웃음을 가득 띠고 있고 아주 행복한 모습입니다. … 나는 매우 기뻐하고 행복해 하고 있습니다. … 사람들도 기뻐하고 있습니다. 가족들도 나의 성취를 기뻐하고 축하해 주고 있습니다. 나는 행복한 존재입니다. 마음이 아주 편안하고 날아갈 듯이 기쁩니다. 행복한 기분을 오감으로 마음껏 느껴봅니다. ….

이제 나는 사람들 앞에서 떳떳하고 당당하게 발표를 잘할 수 있습니다. 내가 원하는 방향으로 변화되었습니다. 변화된 정서가 나의 잠재의식에 깊게 각인되었기 때문에 내가 깨어나더라도 내가 의식하지 않더라도 저절로 의식적인 노력으로 연결될 것입니다. ….

다시 한번 내가 바라는 모습이 이루어졌음을 생생하게 떠올려보세요. … 자, 이제는 깨어날 시간입니다. … 숫자를 다섯부터 하나까지 거꾸로 세겠습니다. 다섯을 다 세면 나는 모든 것을 기억한 채 깨어나게 됩니다. 몸과 마음이 상쾌하고 새로운 활력이 넘칠 것입니다. 그리고 오늘 보았던 영상이나 느낌들의 의미는 시간이 흐를수록 더 또렷하게 떠오를 것입니다. … 다섯… 점점 가벼워집니다. 넷… 더욱 가벼워집니다. … 셋… 상쾌합니다. … 둘… 머리가 맑아집니다. … 하나… 눈을 뜨고 활짝 깨어납니다.

(깨어난 후에도 머리가 무거우면 깨우는 과정을 천천히 반복해서 시행합니다.)

이렇게 심신이 이완된 상태에서 주의를 집중하여 내가 원하는 이미지를 생생히 그리거나 상상하는 훈련을 함으로써, 발표에 대한 트라우마를 극복할 수 있다. 가능하면 오감을 다 활용하여 발표 잘하는 모습을 구체적으로 떠올리거나, 내가 원하는 상태의 자기암시문을 계속하여 반복하면 된다. 그러면 그러한 이미지들과 메시지들이 잠재의식 속에 깊이 각인되어 의식하지 않아도 자연스러운 감정의 변화와 행동의 변화를 가져오게 되는 것이다.

자기최면 유도문은 자신의 특성에 맞게 변형하여 사용하면 된다. 또한 자기최면은 반복적으로 꾸준히 연습할수록 효과가 좋다. 처음에는 심상화가 잘 안 될 수도 있지만 가벼운 마음으로 꾸준히 연습하다 보면 몰입도가 향상되어 잠재의식에 내가 원하는 정서를 각인시킬 수 있다. 꾸준히 반복적으로 연습하다 보면 어느 순간 나도 모르게 긍정적인 변화가 반드시 일어나게 되어 있다.

자기최면을 통해 발표 트라우마에서 벗어나 내가 원하는 상태를 실현하고 발표 자신감을 충만하게 채워보자.

CHAPTER 4

무대공포증 극복을 위한
또다른 방법들

부정적 감정을 수용하고 인정해 주기

우리는 때때로 여러 부정적 감정들을 경험한다. 어떤 일로 우울하기도 하고 불안해 하기도 하며 긴장하기도 한다.

발표공포증이 있으면 발표에 대한 생각만으로도 불안함, 긴장감 등 부정적 감정들이 올라온다. 우리는 보통 부정적 감정들이 느껴지면 이를 애써 지우려고 하거나 억누르려고 한다. 발표공포증을 가지고 있다면 이로부터 벗어나기 위해 의식적으로 노력을 기울인다. 하지만 아무리 노력해도 대부분은 세월과 함께 착 달라붙어 발표 상황만 되면 어김없이 발표공포증에 시달린다. 이것은 어떤 트라우마로 인해 잠재의식에 한번 각인된 부정적 감정들은 우리의 의지대로 지우거나 없애기가 매우 힘들기 때문이다.

따라서 자연스럽게 올라오는 부정적 감정들을 먼저 인정하고 수용하는 것으로부터 변화가 시작될 수 있다.

부정적 정서를 해소하는 방법 중에 '알아차림 명상'이 있다. 알아차림은 현재 순간을 있는 그대로 자각하는 것을 말한다. 현재 내 감정이나 생각을 있는 그대로 인정하고 수용하면서 자각하는 것이 알아차림이다.

예를 들어, 불안함이 느껴질 때 '아 지금 불안한 마음이 올라오는구나.'라고 자각하며 나아가 '이 불안한 마음은 어디에서 오는 감정이지?' 하고 알아차리는 것이 알아차림 명상이다. 감정을 객관화시켜 제3자 입장에 서서 덤덤하게 바라보는 것이라 할 수 있다.

알아차림은 의식이 잠재의식에 영향을 주는 통로 역할을 한다. 알아차림은 이성(의식)에서 출발하지만, 지속적으로 하면 결국 잠재의식에 영향을 끼쳐 행동에도 긍정적 변화를 가져온다.

따라서 불안함, 두려움 등 부정적 정서가 느껴지는 순간, '아 지금 불안함, 두려운 감정이 올라오는구나.' 라고 알아차림을 지속해야 한다. 그러면 부정적 감정들이 저절로 누그러진다. 알아차림 훈련을 지속적으로 하는 것만으로도 잠재의식에 각인되어 의식하지 않아도 부정적 감정들이 가라앉는 효과가 있다.

알아차림에서 더 나아가 이러한 부정적 감정들을 인정해 주고 존중해 주면 훨씬 더 긍정적인 효과를 얻을 수 있다. 앞에서 여러 NLP 기법들로 발표공포를 해결하는 방법에 대해서 이야기를 했는데, 어떻게 보면 치유의 시작은 부정적 감정들을 애써 무시하는 것이 아니라 그냥 바라봐 주고 인정해 주는 데 있다.

왜냐하면 긍정적 감정이든 부정적 감정이든 우리가 느끼는 모든 감정들은 나의 마음을 구성하는 분아^{分我}이며, 분아는 모두 나를 보호하기 위한 긍정적 의도를 갖고 있기 때문이다.

앞에서도 이야기했던 것처럼 불안한 마음, 두려운 마음 등도 모두 나를 위해 존재하는 것이므로 이들의 존재 가치를 인정하고 존중해 주는 것이야말로 감정을 정화시키고 건전한 인격과 통합시키는 가장 좋은 방법이다. 긍정적인 감정만 소중한 것이 아니라 부정적인 감정들도 모두 소중한 것이다.

우리가 느끼는 감정들은 어찌 보면 '어린아이들'과 같다. 착하고 말 잘 듣는 아이들이 있는 반면, 말을 잘 안 듣는 아이들도 있다. 그런데 우리가 말 잘 듣는 착한 아이들만 예뻐한다면, 사랑받지 못하는 아이들의 기분은 어떨까? 말 잘 안 듣는 아이들도 속으로는 똑같이 사랑받기를 원할 것이다. 아이들은 누구나 사랑받기를 원한다. 그런데 말을 잘 안 듣는다고 밀쳐내거나 억누르려고 하면, 아이들은 더 반항하거나 불만이 쌓일지도 모른다.

사랑을 많이 받고 자란 아이는 엄마를 애써 붙잡으려고 하지 않는다. 하지만 버려질지도 모른다고 생각하는 아이는 엄마를 강하게 붙잡는다.

우리의 감정도 마찬가지다. 우리가 느끼는 감정 하나하나는 마음속에 분아로 존재한다. 분아들은 모두 존재 가치를 인정받고 사랑받기를 원한다. 따라서 부정적 감정들이 올라오면 이를 그대로 느끼면서 존재를 몰라줘서 미안하다고, 사랑한다고, 고맙다고 말해 주어야 한다.

발표와 관련된 부정적 감정들을 애써 무시하고 억누르려고 하면, 존재 가치를 인정받지 못한 분아는 마음속에 더 큰 갈등을 일으킨다. 그리고 "나를 좀 봐 주세요. 나도 좀 안아 주세요."라고 소리친다. 그러므로 따뜻하게 그러한 감정들을 안아 주고 사랑해 주어야 한다. 그러면 분아는 가치를 인정받았다고 느끼며 스르르 기분이 풀리면서 건전한 인격과 통합될 수 있는 기틀이 마련된다.

『내 인생의 호오포노포노』의 저자 이영현은 다음과 같이 말한다.

"세상 모든 만물은 에너지체이다. 그리고 모든 에너지는 같은 본능을 지니고 있다. 세상 모든 만물은 우리 마음과 똑같이 인정받고 싶어 하고, 사랑받고 싶어 한다. … (중략) '정화'는 존중에서 비롯된다. 깨끗하고 예쁜 것을 선별하고, 그것으로 나의 내면을 채우는 것은 결코 정화가 아니다. 내 내면에서 예쁘지 않다는 이유로 외면당하고, 깨끗하지 않다는 이유로 꼭꼭 숨겨오고, 사는 데 별 이득이 되지 않는다는 이유로 미워했던 모든 것들을 드러내어 존중해 주는 것이 정화이다."

분아의 관점에서 발표할 때 드는 부정적 정서들은 인정받기를 원하는 자연스러운 감정들이다. 자연스러운 감정들을 애써 밀쳐내려고 하면 반발은 더 거세진다. 그러므로 내 안에 있는 여러 가지 감정들을 그냥 바라봐 주도록 한다. 모든 감정들을 차별 없이 똑같이 바라봐 주라. 부정적 감정들도 존재를 인식하고 똑같이 존중해 주라.

발표를 생각할 때 불안한 감정이 올라온다면, '아 지금 불안한 감정이 올라오는구나.' 라고 인식해 주도록 한다. 그리고 "불안한 마음아, 그동안 널 무시해서 미안해. 용서해 줘. … 많이 힘들었지? 이젠 괜찮아. … 이렇게 정화할 기회를 줘서 고마워. 사랑해.'라고 말해 주도록 한다.

두려운 감정이 올라온다면, '아 지금 두려운 감정이 올라오는구나.' 라고 인식하며 바라봐 주자. 그리고 그동안 두려운 마음을 몰라줘서 미안하다고, 용서해달라고 말해 주자. 이렇게 나와줘서 고맙다고, 이젠 괜찮다고 말해 주자. 사랑한다고 말하며 안아 주자.

긴장되는 마음이 느껴진다면, 역시 그 마음이 하는 행동을 그대로 바라봐 주자 그리고 그동안 알아봐 주지 못해서 미안하다고 말하며, 우는 아이 안아 주듯 안아 주자. 이젠 괜찮다고 말하고, 언제든 튀어나와도 좋다고 안심시켜 주자. 고맙고 사랑한다고 말해 주자.

충분히 존중받고 사랑받은 감정은 내 현실에 결코 해를 주지 않는다. 이렇게 부정적 정서들이 충분히 이해받으면, 비로소 '정화'가 이루어진다. 이러한 연습을 자주 하면, 무시당해 외로웠던 마음들과 자신의 의식 사이에 진정한 교감이 이루어지며, 마음이 하나로 통합된다.

발표할 때 올라오는 부정적 감정들이 발표를 힘들게 하는 것이 아니라 그러한 감정을 미워하는 자신의 의식이 발표를 힘들게 하는 것이다. 마음의 참 평화는 부정적인 정서들을 없앴을 때 오는 것이 아니다. 부정적 감정들은 애초에 존재하지 않는다는 것을 깨달을 때 오는 것이다. 부정적인 감정이란 애초에 존재하지도 않는다. 우리가 그렇게 이름 붙인 것뿐이다. 웃음만 신의 선물이 아니라, 눈물도 신의 선물이다. 신이 주신 선물을 차별하지 말고 소중히 간직해야 할 것이다.

발표하는 모습을 생각할 때 느껴지는 불안한 감정들, 두려운 감정들을 애써 억누르려고 하지 말라. 그냥 튀어나오는 감정들을 편안하게 바라봐 주자. 그리고 그러한 감정들을 사랑하고 인정하고 안아 주자. 그러면 진정한 평화를 누릴 수 있다.

모든 마음들이 다 소중하고 나를 위한 것임을 깨달을 때, 자연스럽게 발표에 대한 두려움이 사라지며 편안하게 발표에 임할 수 있게 될 것이다.

트랜스 상태를 이용해
당당한 자아 정체성 확립하기

CHAPTER 1에서 우리는 평소에 자연스럽게 트랜스 상태를 경험한다고 이야기했다. 그리고 트랜스 상태에 들어가는 경우에 대해서도 설명하였다.

그중에서 '졸음이 밀려들어 비몽사몽할 때'가 자연스럽게 잠재의식이 활성화되는, 최고의 자연스러운 트랜스 상태라고 할 수 있다. 잠들기 직전이나 잠에서 깨기 직전의 약간 몽롱한 상태가 바로 의식이 약간 변형된 상태인 트랜스 상태다. 즉 잠이 들기 직전 또는 잠에서 깨기 직전이야말로 아주 훌륭한 자연스러운 트랜스 상태에 있는 것이다.

따라서 졸릴 때나 잠들기 직전, 또는 잠에서 깨기 직전에 내가 원하는 메시지를 들으면 잠재의식이 변화하여 자신감 넘치고 당당한 모습을 되찾을 수 있다. 자연스럽게 잠재의식이 활성화 되는 때를 이용해 나에게 바라는 메시지, 긍정적 메시지, 원하는 상태 등을 듣게 되면 이를 잠재의식에 더 빨리 각인시킬 수 있는 것이다.

잔잔한 음악과 함께 나에게 바라는 메시지, 내가 원하는 상태 등을 녹음해서 잠자리에 들 때 흘려듣고, 또 일어나는 시간에 맞춰 기상 메시지로 울리도록 해보자. 의식하지 않고 그냥 흘려들으면 된다. 그러면 이러한 내용들을 잠재의식에 더 빨리 각인시킬 수 있다.

신생물학의 세계적인 거장 브루스 립튼Bruce Lipton은 평소에는 1년 동안 매일 100번씩 말해야 효과가 있다면, 잠이 들 때나 잠에서 깰 때는 녹음을 듣는 것만으로도 비교할 수 없이 빠르게 잠재의식이 바뀌게 된다고 하였다.

그 어느 활동에 몰입해 있을 때보다, 잠들기 직전과 잠에서 깨기 직전이야말로 하루 중 가장 잠재의식이 활성화되어 있을 때다. 잠재의식을 변화시킬 수 있는 가장 좋은 타이밍은 바로 이때인 셈이다.

다음은 잠재의식을 변화시키는 긍정적 암시문 예시다.

잠재의식을 변화시키는 긍정적 암시문 예시

OO는 자신감이 넘치고 당당한 사람입니다.

OO는 많은 사람들을 행복하게 해 줄 것입니다.

OO는 친절하고 훌륭한 사람입니다.

OO는 축복받은 존재입니다.

OO는 사랑받는 존재입니다.

OO는 매일 조금씩 좋아지고 있습니다.

OO는 모든 면에서 조금씩 나아지고 있습니다.

OO는 모든 면에서 점점 더 좋아지고 있습니다.

OO는 매일 조금씩 발전하고 있습니다.

OO의 마음이 갈수록 평화로워집니다.

사랑과 감사의 에너지가 OO에게 넘칩니다.

우주의 건강한 기운이 매일 OO에게 들어옵니다.

모든 사람들이 OO를 사랑합니다.

OO는 무한한 가능성을 가지고 있습니다.

OO는 점점 더 잘할 수 있습니다.

OO는 소중하고 귀한 존재입니다.

하느님이 OO를 축복해 주고 있습니다.

OO는 밝고 건강한 정신을 회복하고 있습니다.

OO는 자신만의 속도로 잘 발전하고 있습니다.

OO는 점점 더 행복한 삶을 살아갈 것입니다.

긍정적 암시문의 내용은 발표공포증 극복과 같은 직접적 관련이 되는 내용보다는, 위와 같이 전체 인격에 초점을 맞추고 일반적인 내용으로 말해 주는 것이 좋다. 즉 '나는 발표를 잘할 수 있어. 나는 떨지 않아.'와 같은 내용보다, '나는 친절하고 훌륭한 사람이야. 나는 축복받은 존재야.'와 같이 넓은 관점에서 말해 주는 것이 변화에 훨씬 효과적이다.

우리가 어떤 기능을 숙달할 때에는 여러 번 연습과 반복이 필요하다. 자전거를 배울 때에도, 수영을 배울 때에도 무수히 많은 연습과 훈련을 통해 배운다. 구구단을 외울 때도 수많은 연습을 통해 외웠을 것이다.

이렇게 한번 배운 기술과 지식은 그 다음부터는 자동적으로 인출이 된다. 한번 숙달이 되면 구구단도 문제를 듣는 즉시 맞힐 수 있고, 자전거도, 수영도 바로 할 수 있는 것처럼 잠재의식을 변화시킬 때에도 원하는 메시지를 여러 번 반복해서 듣고 보면, 언젠가는 잠재의식에 각인시킬 수 있다. 그리고 이는 잠들기 직전이나 잠에서 깨기 직전과 같은 자연스러운 트랜스 상태에서 하면 훨씬 더 빨리 잠재의식에 각인시킬 수 있다.

세계적으로 성공한 사람들, 유명한 사람들 중에서도 이러한 잠재의식 변화 기법을 잘 활용한 사람들이 매우 많다.

이제부터 잠들 때와 아침에 일어날 때 이러한 긍정적 암시문을 녹음해서 들어보자. 그러면 메시지의 내용을 나의 잠재의식에 훨씬 더 빨리 각인시킬 수 있다. 그리고 잠재의식에 한번 각인된 이미지나 생각은 어떻게든 자신의 의식과 행동에 자동적으로 영향을 끼치게 되어 있다.

자연스러운 트랜스 상태를 이용하여 자신이 원하는 모습을 성취할 수 있기를 소망한다.

자신감을 키우는 자세로 바꾸기

당당한 자세를 취하는 것만으로도 자신감이 크게 상승한다. 그냥 느낄 때도 자세가 어정쩡한 사람은 소심하고 자신감이 없어 보인다. 주머니에 손을 넣거나 양팔을 팔짱 낀 경우도 그렇다.

하지만 어깨가 뒤로 젖혀지고 몸동작이 큰 사람에게서는 왠지 자신감이 넘쳐 보인다. 실제로 그런 사람들은 적극적이고 활달한 경우가 많다.

아드리안 아난타완Andrian Anantawan은 캐나다 출신 바이올리니스트다. 그는 태어날 때부터 오른팔이 없었지만, 9세 때부터 바이올린을 시작했다. 그리고 토론토 오케스트라 단원으로 크고 작은 무대에 오르면서 캐나다를 대표하는 연주자로 성장한다. 그는 오른팔이 없음에도 얼굴에는 늘 자신감이 넘치고 연주도

잘한다.

그는 공연을 앞두고 늘 온몸을 끝까지 펴는 스트레칭을 빼놓지 않는다고 한다. 무대 위에서 보여 주는 자신감의 비결은 바로 스트레칭이었던 셈이다.

자세만 바꾸어도 자신감이 높아진다는 연구 결과가 많다. 과학적으로는 자세에 따라서 혈액 속의 호르몬이 바뀐다는 사실이 증명되었다.

혈액 속 호르몬 중 테스토스테론은 주로 우월감을 느낄 때 분비되며, 근육 및 성기능 강화에 관여하고 의욕을 주는 호르몬이다. 반면 코르티솔은 스트레스를 받을 때 나오는 호르몬으로 이 수치가 높으면 불안하고 초조한 상태가 이어질 수 있다.

따라서 호르몬 수치상으로 보았을 때 테스토스테론이 증가하고 코르티솔이 감소하면, 자신감은 넘치지만 불안감은 줄어드는 가장 활력 있는 상태라고 할 수 있다.

2004년 인간생리학(Human Physiology) 학술지에 실린 논문에서는 코브라 자세를 3분만 취해도 테스토스테론이 16% 증가하고, 코티솔은 11%가 감소했다고 증명된 연구 결과가 발표되었다.

코브라 자세

2010년 미국 하버드 경영대학원 쿠디^{Cuddy} 교수와 컬럼비아 대학교 카니^{Carney} 교수는 심리학 학술지$^{(Psychological\ Science)}$에 코브라 자세보다 훨씬 더 간단한 자세를 취하는 것만으로도 자신감을 더욱 향상시킬 수 있다는 연구 결과를 발표하였다.

파워포즈, 일명 원더우먼 포즈로 불리는 두 가지 자세를 각각 1분씩 취했을 뿐인데 테스테스테론은 19%가 상승했고, 코르티솔은 25%나 감소했다고 한다. 반대로 자신감 없는 자세는 테스토스테론을 10% 감소시키고 코르티솔은 17% 증가시켰다고 한다.

자신감을 향상시키는 자세

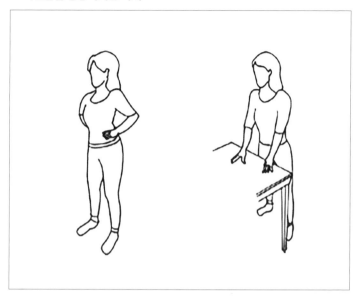

파워포즈라고 불리는 왼쪽 자세는 '등은 곧게 펴고 손은 허리에 올리고 다리는 어깨너비보다 살짝 크게 벌리고 서 있는 자세'를 취하는 것만으로도 뇌에서 테스토스테론(자기주도적 호르몬), 코티졸(스트레스 호르몬)이 분비돼 힘이 솟고 스트레스를 줄여준다고 강조하고 있다고 한다.

이러한 연구 결과는 우리의 몸과 마음이 연결되어 있고, 몸을 먼저 바꾸면 마음도 의욕적으로 바뀐다는 사실을 증명한다.

2017년 쿠디^{Cuddy} 교수와 카니^{Carney} 교수가 발표한 논문에서도 자세가 호르몬을 변화시켜 행동에도 영향을 주는 것으로 나타났다.

이들은 실험 참가자들을 두 그룹으로 나눠 A그룹은 다리를 쫙 벌리고 두 팔을 쭉 뻗는 등 적극적인 자세를, B그룹은 다리를 오므리고 팔을 모으는 등 소극적인 자세를 취하도록 주문했다.

출처: http://www.viva100.com/

실험을 시작하고 2분이 지난 후 연구진은 두 그룹의 타액을 채취해 테스토스테론과 코르티솔, 2가지 호르몬의 수치를 비교했다.

그 결과, 파워 포즈와 비슷한 자세를 취한 A그룹의 테스토스
테론은 20% 증가했고, 코르티솔은 25% 감소했다. 자신감은 상
승하고 스트레스는 감소한 것이다.

반대로 B그룹의 테스토스테론은 10% 감소했고, 코르티솔은
15% 증가했다.

단 2분 만에 이런 놀라운 결과가 초래된 것이다.

따라서 하루에 최소 2분 만이라도 의도적으로 자신감 넘치는
자세를 취하게 되면, 실제로 자신감이 생기고 행동도 이에 맞게
당당해질 수 있다.

이제 하루에 한 번만이라도 꾸준히 거울을 보고 웃는 연습과
함께 자신감 넘치는 자세를 취해 보도록 하자. 여기에 더해 긍
정의 표시 "좋아!" 또는 "예스!"를 함께 외치면 더 좋다. 자신감
넘치는 자세가 삶을 바꿀 것이다.

제3자의 눈으로 자신을 바라보기

자신이 발표하는 모습을 심상화할 때, 제3자의 눈으로 자신을 객관적으로 바라보는 상상을 하면 더 좋은 효과를 거둘 수 있다.

내가 청중을 바라보며 발표하는 장면을 떠올리는 것보다 나도 청중이 되어 내가 발표하는 장면을 그려보는 것이 부정적 정서를 해소하고 자신감을 가득 충전하는 데 더 좋은 효과를 볼 수 있다. 그리고 이때 청중이 많이 등장하는 장면을 상상하는 것이 좋다.

세계적인 명연설가였던 케네디 대통령은 대중연설이 계획된 전날은 잠자리에 들기 전 반드시 상상 속에서 연설을 했다고 한다. 머릿속으로 연단에 선 자신의 모습을 떠올리면서 연설 내용을 훑어보았다고 한다.

케네디는 연설 내용뿐 아니라 연설 속의 상황도 세세하게 그렸다. 청중들이 환호하는 모습과 자신이 어떤 표정을 짓고 있는지, 어떤 자세를 하고 있는지, 목소리 톤은 어떤지 등을 세세하게 떠올리며 상상했다고 한다.

이것을 지겹다는 생각이 들 정도로 연습하고 나면 떨리는 마음은 멀리 달아나고 빨리 대중 앞에 서고 싶다는 생각이 들게 되는데, 이때 케네디는 상상 속에 꼭 청중을 등장시켰다고 하였다.

김상운 님의 『왓칭』에는 다음과 같은 실험이 나온다.

캐나다 요크 대학의 배스케스 교수는 상상 속의 청중이 어떤 차이를 만들어내는지 실험해보았다. 그는 대학생들에게 이렇게 말했다.

"오늘은 3분씩 자유 연설할 시간을 주겠습니다. 각자 마음속으로 연설 리허설을 해보세요."

그는 학생들을 두 그룹으로 나눴습니다. A그룹에게는 이렇게 말했습니다.

"자신의 모습을 1인칭으로 바라보며 리허설을 하세요. 즉 자신을 '나'의 시각으로 보는 겁니다."

반면, B그룹에게는 자신을 3인칭으로 바라보라고 했습니다.

"자신을 청중과 함께 남으로 바라보는 장면을 상상해 보세요. 여러분 스스로도 청중이 되는 겁니다."

연설 리허설이 끝난 뒤 베스케스 교수는 학생들에게 성공에 대한 자신감을 1~10점까지의 점수로 매겨보라고 했습니다.

1인칭의 눈으로 자신의 리허설을 바라본 A그룹은 평균 5점 정도의 자신감을 보였습니다. 하지만 청중과 함께 자신의 리허설을 남의 눈으로 객관화시켜 바라본 B그룹은 평균 9점이 넘었습니다.

이것은 여러 사람들이 한꺼번에 자신을 많이 바라볼수록 더 큰 변화가 일어난다는 것을 뜻한다. 그리고 제3자가 되어 자신의 당당한 모습을 바라볼 때 실제 그렇게 행동을 할 확률이 높아짐을 뜻한다. 이러한 방법은 미국 올림픽 선수들의 심상화 훈련에도 그대로 활용된 바 있다.

이제부터 많은 사람들 앞에서 발표하는 모습을 상상할 때, 자신의 모습을 제3자의 눈으로 멀리에서 바라보는 장면을 구체적으로 그려보자. 물론 자기최면이나 심신이 이완된 트랜스 상태에서 하면 좋다. 그러면 발표 자신감을 회복하고 당당한 모습으로 발표에 임할 수 있게 될 것이다.

불안감 해소에 탁월한 EFT :
경락점을 두드려 발표 트라우마와
불안감 해소하기

EFT(Emotional Freedom Technique, 정서자유화기법)는 내 안의 부정적인 감정 때문에 힘들고 지친 마음의 문제를 해결하는 새로운 방법이다. EFT는 발표공포증 등 심리적 문제를 해결하는 것뿐 아니라 신체적 고통, 통증, 불편함의 문제를 해결하는 데도 큰 도움이 된다. 현재 많은 NLP 전문가들이 심리치료 시에 EFT를 같이 활용하고 있다.

그 기원을 먼저 간략하게 살펴보겠다. 심리학자 로저 칼라한 Roger Callahan은 1980년대 메어리Mary라는 한 여성의 심각한 물 공포증을 치료하는 과정에서 18개월 동안 모든 심리치료를 동원하여 치료하였으나 호전되지 않았다고 한다.

그런데 물 공포를 느낄 때 위장장애를 호소했기에 우연히 한

의학의 위장 경락인 눈 아래 부위를 손가락으로 두드렸는데 신기하게도 물 공포증이 짧은 시간 안에 치료되었다.

칼라한은 단순히 눈 부위를 손가락으로 두드렸음에도 이처럼 물 공포증이 치유되는 큰 효과를 보고 깜짝 놀랐다. 그래서 그는 이것을 바탕으로 정신질환의 종류에 따라 신체를 두드리는 경락의 순서와 횟수를 달리하여 조합한 TFT(Thought Field Therapy, 생각장 치료)를 만들어냈다.

한의학에서 침이나 뜸을 놓을 때 혈穴자리, 즉 경혈經穴에 놓는다고 말한다. 경혈은 피부나 근육의 중요한 반응 부위로 기氣가 모이는 곳이다. 칼라한 박사가 발견한 것은 침을 놓지 않고 손가락으로 두드리는 것만으로도 침을 놓는 것과 같은 효과를 볼 수 있다는 것이었다.

하지만 TFT는 그 과정이 매우 복잡하고 배우기 어려웠기에 나중에 칼라한의 첫 번째 제자이자 NLP 마스터 프랙티셔너인 개리 크레이그Gary Craig가 TFT를 굉장히 단순화시키고 적용하기 쉽게 만들었다. 이것이 바로 EFT다.

EFT는 몸의 경락과 경혈을 침 대신 손가락으로 두드려 자극하기만 하면 되고, 기억하기가 쉬워 언제 어디서든 쉽게 사용할 수 있다는 장점이 있다. EFT의 기본 명제는 다음과 같다.

"모든 부정적 감정이 인체의 에너지 순환(경락의 흐름)에 혼란을 일으킨다."

"해결되지 않은 부정적인 정서가 육체의 고통과 질병의 일으키는 가장 큰 요인이다."

사람들 앞에서 말을 할 때 망신을 당한다거나 두려움을 느낀 기억이 있으면 그 잔상이 머릿속에 남아 심리적 문제를 겪게 된다. 이때 겪은 트라우마가 적절히 해소되지 않으면 부정적 감정이 쌓여 몸의 에너지 순환(경락의 흐름)에 혼란을 일으키는데, 이는 결국 여러 가지 발표공포 증상을 일으키는 가장 큰 원인으로 작용한다.

이때 EFT는 자신이 느끼는 두려운 감정이나 신체적 증상(고통)을 말하면서 우리 신체 내의 에너지 흐름 길인 14경락을 손가락으로 두드리기만 하면 교란되었던 에너지 흐름이 다시 원활화되면서 발표공포증을 해결할 수 있다는 원리에 기초한다.

EFT의 효과

정신 증상의 치료	공포증, 우울증, 불안감, 강박증, 트라우마, ADHD, 불면증, 각종 스트레스 등
신체 증상의 치료	두통, 요통, 관절통, 어깨결림, 위장장애, 혈압, 당뇨 등
기타 질환의 치료	각종 알레르기, 중독증(금연, 금주 등), 비만, 자기계발 등

EFT의 장점은 다음과 같다.

첫째, 매우 간편하다. 아무런 도구가 없이 손가락으로 경락을 두드리기만 하면 된다.

둘째, 빠른 시간 안에 즉시 효과를 보는 경우가 많다.

셋째, 누구나 쉽게 배울 수 있고 써먹을 수 있다.

넷째, 각종 정서적 문제 및 신체적 고통에 이르기까지 거의 모든 문제에 적용이 가능하다.

다섯째, NLP와 함께 적용함으로써 심리치료의 효과를 극대화할 수 있다.

EFT의 방법

1. 문제 확인: 해결하고 싶은 정서적 문제를 정한다.

2. 고통지수 숫자로 표현: 고통(통증)이 어느 정도인지 0~10 중 수치로 표현해본다.

◆ 예: 발표할 때 사람들이 비웃어서 억울하고 화가 난다. →
   고통지수 8
◆ 예: 발표할 때 큰 실수를 저질러서 지금도 가슴이 답답하

다. → 고통지수 7

◆ 예: 발표할 때 망신당해서 지금도 창피하고 부끄럽다. →
고통지수 9

◆ 예: 며칠 동안 지속되는 불안함에 괴롭다. → 고통지수 6

3. 손날 타점 두드리기: 손날의 살집이 있는 부분을 다른 손
2~4개 손가락으로 가볍게 두드리면서, 다음과 같이 3번 반복
해서 말한다.

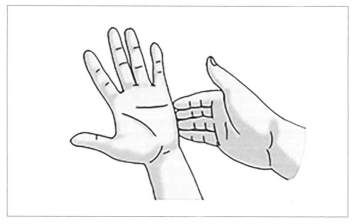

자료: 한국EFT코칭센터

"나는 비록… (증상) … 하지만(있지만), (그럼에도 불구하고) 이런
나 자신을 온전히(있는 그대로, 전적으로) 받아들이고 깊이 사랑합

니다." (자기수용문)

◆ 예: 나는 비록 발표할 때 사람들한테 비웃음을 당해서 억울하고 화가 나지만(또는 나는 비록 발표할 때 큰 실수를 저질러서 지금도 가슴이 답답하지만, 나는 비록 발표할 때 망신을 당해서 지금도 창피하고 부끄럽지만, 나는 비록 며칠간 지속 되는 불안함에 괴롭지만 등), 이런 나 자신을 있는 그대로 온전히 받아들이고, 깊이 사랑합니다. (손날 타점 두드리면서 3번 반복)

4. 연상어구를 말하며 각 경혈점 순서대로 두드리기: 증상(문제)을 보다 잘 상기시킬 수 있는 짧고 간단한 어구(연상어구)를 말하며 각 경혈점을 순서대로 두드리며 나아간다. 즉 '이 (증상)' 이라고 말하면서 손가락 2~3개로 아래의 경혈점들을 순서대로 5~8회씩 가볍게 두드린다.

◆ 연상어구의 예: '이 억울하고 화남', '가슴이 답답함', '이 창피함과 부끄러움', '이 지속되는 불안감' 등

◆ 타점 순서 : 정수리 → 눈썹옆 → 눈옆 → 눈밑 → 코밑 → 입술밑(턱) → 쇄골밑 → (명치옆) → 겨드랑이 아래 → 엄지 → 검지 → 중지 → (약지) → 새끼 → 손날

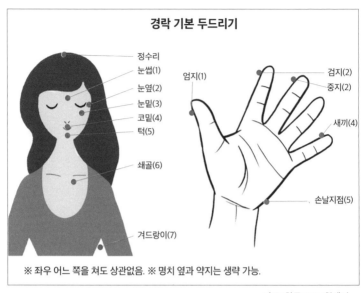

자료: 한국EFT코칭센터

정수리

두드릴 때 손가락을 다 펴고 평평하게 두드려도 된다. 꼭 정확할 필요는 없고 정수리 근처 부분을 두드리면 된다. 정수리 부분을 두드리면서 '이 억울하고 화남', '이 창피함과 부끄러움'이라고 연상어구를 말한다.

눈썹이 시작하는 곳

코 가장 윗부분에서 조금만 옆으로 이동 후 눈썹이 시작하는 부위다. 오른쪽, 왼쪽 상관없고 둘 다 두드려도 상관없다. 손가락 2개로 눈썹 타점을 두드리면서 연상어구를 말한다.

눈옆

눈과 관자놀이 사이의 뼈가 있는 곳이다. 마찬가지로 이곳의 눈 옆 타점을 두드리면서 연상어구를 말한다.

눈밑

눈밑 2.5cm 정도 위치다. 이 눈밑 타점을 두드리면서 역시 연상어구를 말한다.

코밑

코 바로 밑에 있는 타점(인중 부위)을 두드리면서 연상어구를 말한다.

입술 아래

입술과 턱끝의 중간지점이다. 입술 아래 타점을 두드리면서 연상어구를 말한다.

쇄골

실제로는 쇄골뼈 부분은 아니지만 그것이 시작하는 부위를 두드리면 된다. 손가락으로 목과 가슴뼈 사이를 만져보면 U자 모양으로 부드럽게 들어간 부분이 있는데, 거기서 2.5cm 정도 내려간 뒤, 다시 2.5cm 정도 양옆으로 가면 거기가 바로 쇄골 타점이다. 또는 주먹을 쥐고 남자들이 넥타이를 착용하는 가슴뼈 윗부분을 두드려도 된다. 이렇게 하면 쇄골 양 타점을 다 두드리게 된다. 이 쇄골 타점을 두드리면서 '이 억울하고 화남'이라고 연상어구를 말한다.

겨드랑이 아래

겨드랑이 아래 갈비뼈 부근으로, 정확히는 겨드랑이에서 10cm 정도 내려온 곳이다. 남자는 젖꼭지 부근에서 수평으로 가서 두드리면 되고, 여자의 경우 브래지어 끈이 갈비뼈를 지나가는 가운데 부분이라고 생각하면 된다. 이곳을 손가락 4개 정도로 두드리거나, 손가락을 다 펴서 쳐도 된다. 역시 치면서 연상어구를 말한다.

손가락 및 손날

이제 손으로 넘어와서 그림에 표시된 대로 엄지, 검지, 중지,

새끼손가락을 차례대로 두드리며 연상어구를 말한다. 그리고
마지막으로 손날 타점을 두드리며 연상어구를 말한다. 타점의
위치가 꼭 정확할 필요는 없다.

5. 뇌 조율 과정: 손등 타점(약지와 새끼손가락 사이의 손등)을 두
드리면서 아래 동작을 순서대로 한다. 각 단계마다 7~10회 정
도 두드린다.

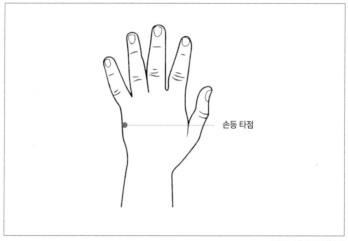

손등 타점

자료: 한국 EFT협회

① 눈을 감는다.
② 눈을 뜬다.

③ 머리를 움직이지 않은 채, 눈을 오른쪽 아래 끝 부분을 본다.

④ 머리를 움직이지 않은 채, 눈을 왼쪽 아래 끝 부분을 본다.

⑤ 머리를 움직이지 않은 채, 눈동자를 시계 방향으로 크게 돌린다.

⑥ 머리를 움직이지 않은 채, 눈동자를 시계 반대 방향으로 크게 돌린다.

⑦ 밝은 노래나 즐거운 노래를 잠깐(2~3초) 흥얼거린다.

⑧ 1~5까지 조금 빠르게 숫자를 센다.

⑨ 밝은 노래나 즐거운 노래를 잠깐(2~3초) 흥얼거린다.

6. 4번의 각 경혈점 두드리기 과정을 연상어구를 말하며 한 번 더 반복한다.

◆ 예: '이 억울하고 화남', '가슴이 답답함', '이 창피함과 부끄러움' 등의 연상어구를 말하며, 정수리 ⇨ 손날까지의 타점을 순서대로 두드린다.

7. 다시 아픈 정도 확인하기: 처음의 고통지수(0~10까지)가 줄 었는지 확인해본다. 만일 전혀 줄지 않았으면, 증상을 좀 더 구

체적이고 상세하게 큰 소리로 말하면서 다시 시행한다.

8. 남아 있는 증상으로 전체 과정 다시 반복하기: 증상이 줄었지만 남아 있는 경우, "나는 비록 약간 …(증상)이 남아 있지만, 이런 나를 온전히 받아들이고 깊이 사랑합니다."와 "이 남아 있는 (증상)"으로 다시 전체 과정을 반복한다. 고통지수가 0이 될 때까지 이 과정을 반복한다.

발표공포증을 겪는 이유는 사람들 앞에서 말을 할 때 똑같은 상황이 또 발생할 것이라는 두려움과 분노, 억울함, 자책감과 같은 부정적 감정들에 사로잡히기 때문이다.

이런 부정적 감정들에 사로잡혀 있으면 의식적으로 또는 피상적으로 아무리 잘하려고 노력해도 불안 증상들이 개선되기란 매우 어렵다.

그러므로 이때 중요한 것은 그러한 나 자신을 있는 그대로 인정하고 수용하는 것이다. 즉 부정적 감정들에 얽매여 있는 것이 아니라 이를 인정하고 그냥 내려놓는다.

위에서 기술한 EFT 방법으로 부정적 감정들을 일단은 수용하고 그러한 나 자신을 있는 그대로 받아들이면 된다. 그러면 저절로 내 감정을 리프레이밍을 할 수 있는 계기가 마련된다.

그렇기 때문에 NLP의 여러 기법들이 EFT와 같이 사용된다면 그 효과는 훨씬 더 크다.

EFT는 부정적 감정과 정서, 신체 통증을 해소하는 데 매우 효과적이라고 알려져 있다. NLP의 여러 기법들과 함께 EFT를 같이 시행함으로써 과거의 부정적 기억 해소 및 발표 트라우마를 극복하고, 긍정적 자아상을 확립할 수 있을 것이다.

발표 불안이 있으면 이를 극복하기 위해 많은 노력을 하게
된다. 스스로 극복하기 위해 스피치 학원에도 다니고, 말하기
커뮤니티에 가입하기도 하며, 혼자서 말하기 연습 및 마인드 컨
트롤을 수도 없이 해보기도 한다.

하지만 이러한 노력들은 대부분 시간만 오래 잡아먹고 실패
로 돌아가는 경우가 많다. 피나는 훈련과 연습으로 발표 불안이
해결되기도 하지만, 실패로 돌아가는 경우가 더 많다. 왜 그럴
까? 이것은 겉으로 드러나는 발표 불안 증상들이 행동적 문제
가 아니라 마음의 문제, 즉 잠재의식 차원에서 발생하는 문제들
이기 때문이다.

발표 불안 증상들의 원인이 되는 무의식적 기억이나 욕구를
외면한 채, 단순히 겉으로 드러나는 행동만을 보고 이를 교정하

려 해서는 좋은 효과를 거두기가 매우 힘들다. 잠재의식 속에 저장된 해소되지 않은 창피한 기억들이 그대로 남아 있는 한, 아무리 눈맞춤을 연습하고 표정관리를 한다고 한들 발표공포 증상들은 언제든 겉으로 드러날 수밖에 없다.

의식이 깨어 있는 상태에서 하는 모든 노력들은 잠시 효과를 볼 수 있어도, 대부분 장기적인 진정한 문제 해결책이 되지 못한다.

따라서 발표 불안을 비교적 단시간에 그리고 진정으로 해결하기 위해서는 먼저 잠재의식으로부터 발표에 대한 두려움을 없애야 한다. 발표를 바라보는 근본적인 마음의 관점을 긍정적으로 변화시키는 것이 중요한 것이다.

그러기 위해서는 잠재의식을 활성화시켜야 하고 그런 상태에서 구체적 상상을 통해 발표 자신감을 심어 주면, 비로소 잠재의식을 긍정적으로 변화시켜 원하는 모습을 성취할 수 있다.

떨지 않고 말을 잘하기 위한 여러 노력들을 하기 전에, 발표가 두려운 것이라는 마음의 생각, 즉 잠재의식을 먼저 변화시켜야 발표에 대한 불안감이 사라지고, 의식하지 않아도 저절로 자신감 있게 사람들 앞에서 발표할 수 있게 되는 것이다.

결국 변화에 있어서 중요한 것은 '마음(잠재의식)'이다. 이 책은 효과적으로 잠재의식을 변화시키기 위한 여러 NLP 기법들을 소개하였다. 그리고 자연스럽고 효과적으로 발표공포증을 해결하는 방법들에 대해서도 소개하였다.

여기에 소개된 기법들을 꾸준히 자신에게 적용한다면, 누구나 발표공포증을 극복하고 건강한 정신과 인격을 회복하리라 확신한다.

여기서 기법들의 테크닉에 구애받을 필요는 전혀 없다. 주의 집중, 몰입감 등의 원리를 알고 있으면, 스크립트를 자신에게 맞는 방식으로 얼마든지 변형하여 사용 가능하다. NLP의 다른 모든 기법들도 원리만 이해하면 자신만의 방식으로 얼마든지 재구성하여 사용할 수 있다.

또 한 가지 중요한 것은 이러한 방법들로 효과를 보았다고 하여도 시간이 지나면서 다시 원래대로 돌아갈 수 있기에, 정기적으로 이러한 기법들을 재시행하여 스스로에게 적용하여야 한다는 것이다. 피아노도 한번 조율을 마쳤다고 해서 계속 그 음이 유지되지 않는다. 피아노도 정기적으로 한 번씩 조율을 해야 하듯이, NLP 기법들도 주기적으로 자신에게 적용한다면 확실하게 발표공포증에서 탈출할 수 있을 것이다.

필자는 모든 기법들을 핵심 위주로 설명함으로써 최대한 실용성과 효과성을 높이고자 했다. 각 기법들에 대한 스크립트를 녹음하여 이를 들으면서 스스로 적용한다면, 누구나 발표공포 증을 극복할 수 있으리라 생각한다.

혹시 혼자서 시행하기 어렵다거나 집중이 잘 안 된다면, 언제 든 주저하지 말고 프로필에 나와 있는 저자의 이메일이나 블로 그로 연락주시기 바란다.

이 책이 발표에 어려움을 겪는 모든 분들에게 도움이 되었으 면 좋겠다.

발표가 즐겁게 느껴지는 세상을 꿈꾸며 이 글을 마친다.

- 가토 세류.「간단명쾌한 NLP」. 2010. 시그마북스.

- 김상운.「왓칭」. 2011. 정신세계사.

- 리처드 밴들러.「꿈의 실현: 20분」. 2009. 아시아코치센터.

- 설기문.「에릭슨 최면과 심리치료」. 2012. 학지사.

- 신대정, 이경규.「구속된 마음 자유를 상상하다」. 2018. 학지사.

- 이동환원장의 헬스경영연구원 만성피로연구회(www.pirolab.com)

- 이진식.「NLP 심리치료 및 상담」. 2020. 교육과학사.

- 이진식.「정서행동장애 학생 심리치료 및 상담」. 2020. 박영스토리.

- 로빈스.「네 안에 잠든 거인을 깨워라(조진형 역)」. 2008. 씨앗을뿌리는사람.

- 파이낸셜뉴스. "자세만 바꿔도 자신감 생긴다" 진짜일까(2021.6.21.)

- 한국EFT코칭센터(http://www.koreaeft.com)

- 한국EFT협회(https://eftkorea.net)

- 호리이 케이.「NLP 행복코드로 세팅하라!」. 2011. 한언.

실용심리학으로 치유하는
발표공포 탈출 솔루션

지은이 이진식
발행일 2021년 12월 27일
펴낸이 양근모
펴낸곳 도서출판 청년정신
출판등록 1997년 12월 26일 제 10-1531호
주   소 경기도 파주시 문발로 115 세종출판벤처타운 408호
전   화 031) 955-4923 팩스 031) 624-6928
이메일 pricker@empas.com
ISBN 978-89-5861-214-8 03320